9割の公務員が知らない

お金の貯め方・増やし方

林 誠［著］

学陽書房

はじめに

▽お金と上手に付き合っていますか？

普段、家で「お金」の話をしていますか？

職場で、「経済」についての話をしていますか？

日本人の少なくない割合の人たちが、お金について人前で話すのは「はしたない」と思っているのではないでしょうか。そして、お金のことについてネチネチ気に病むのは「美しくない」と感じておられるのではないでしょうか。

これが公務員となると、さらに拍車がかかるような気がします。お金を稼ぐことについて、どこか否定的な空気さえ感じることもあります。「民間事業者は利益優先だからなあ」という声がしばしば聞かれます。

こんな状況ですから、多くの公務職場の空気は、「株？ とんでもない」「FX？ あり得ない」という感じです（そのくせ、生命保険にはたっぷり入っていたりするのですが）。

しかし、この世の中で暮らす以上、お金について考えないわけにはいきません。好きとか嫌いとか、美しいとか美しくないとか、そんなことを言ってはいられません。生きていく限り、お金に向き合っていくしかないのです。

一方、入庁間もない後輩の中には、やたらと堅実な人たちがいます。一年目とは思えないようなしっかりとした働きぶりで、仕事もそつなくこなします。そして、人付き合いはほどほどに、お金はなるべく無駄遣いしない、という感じです。

物心ついてから一度も景気がよかった経験がなく、そのためなんとなく将来を心配しているからかもしれませんが、若いうちから山っ気がなさ過ぎるのも、なんとなく物足りなく思えてしまいます。

この本は、主に地方公務員の方々に、上手に「お金」に向き合ってほしいと思って書きました。

お金を敬遠するのはよくないことですし、若いうちから使わないことを優先して考えるのもつまらない気がします。

▽お金に引っ張り回されないために

お金は、貯めるためのものではなく、使うためのものでしょう。つまり手段に過ぎません。将来のことを不安に思うあまり、ひたすら貯めることばかりを考えていては、お金に生活を支配されているようなものです。

「お金、お金」と目の色を変えるのではなく、お金に引っ張り回されないためにお金のことを考えておく、という感じでしょうか。

大袈裟に言うと、お金に向き合うことは人生に向き合うことでもあります。人生を豊かにするためにも、楽しくお金と付き合っていきたいものです。この本が、そのための一歩となれば幸いです。

林　誠

CONTENTS

CHAPTER 2

いまさら聞けないお金・経済のきほん

CHAPTER 3

公務員のライフプランを考える

CHAPTER 4

公務員のための資産運用の基礎知識

CHAPTER 5

公務員が損をしないための世代別ワンポイント

CHAPTER 1

いま、公務員が考えておきたいお金のこと

1 公務員は真面目？ でも「経済オンチ」？

▽公務員≠真面目

公務員＝真面目、と決めつけるのは大間違いです。

公務員にも、おふざけ専門のような人もいますし、とんでもない呑兵衛もいます。「え、この人が公務員？」という破天荒な人も少なくありません。

しかし、平均値を取ると、やはり他の職業と比べると真面目指数（そんなものがあればですが）は高い気がします。これは、**真面目な人が公務員になったということもありますが、それ以上に公務という仕事が人柄をつくっている面がある**と思います。

公務においては、間違いが許されません。例えば、戸籍や年金や建築確認でミスがあったら、市民に迷惑をかけてしまいますし、大きな問題にもなりかねません。

また、住民への説明でも、議会での答弁でも、細かな言い方に気を遣う必要があります。「あのとき、ああ言ったじゃないか」と後から追及されることもありますから、いきおい、慎重にならざるを得ないのです。慎重に、慎重に、と思っているうちに、性格も慎重になっていくのかもしれません。

また、利益を追う業態ではないため、競争という概念が希薄になります。さらに、ミスをしてはいけない、というプレッシャーから、大過なくという発想に支配されがちになりますから、どうしても堅実に仕事をすることになります。そうした環境で日々過ごしていると、次第に保守的になっていきます。

さらに、仕事柄、社会的・経済的に苦しい立場の方々と接する機会が多く、いろいろな歪みに直面することが増えていきますから、楽天的でばかりもいられないというところもあるでしょうか。

こうしたことは、決して悪いことではありません。

公務員が真面目に職務を行うことは当然ですし、実際、地道な仕事が求められる職でもあります。間違いがないよう、きちんとした仕事を行うのも、もちろん大切です。

▽経済オンチでは世の中は歌えない

ただ、目の前の仕事に専念するあまり、世の中に疎くなってしまいがちな面もあると思います。スピード感やお金への感覚が、世間とずれてしまっていないでしょうか。

株が下がろうが、円高が進もうが、日々の仕事にほとんど影響はなく、景気が悪くなっても、クビになる心配はほとんどありません。そうした中では、経済について考えることもあまりなく過ごせてしまいます。そうしているうちに、「経済オンチ」になってしまっていないでしょうか。

決められたことを前の人がやっていたとおりやっていれば、経済オンチでも、業務に支障はきたさないかもしれません。けれど、景気のいい時と悪い時で役所がやるべきことは違うはずですし、経済の変化に合わせて仕事の進め方も変えていかなければならないはずです。**「最少の経費で最大の効果」を上げるのが公務員の務めですから、そのためにも経済を知る必要がある**でしょう。

それに、当然ながら、公務員もビジネスマンの一員です。

「日銀による異次元緩和とは？」「金利が上がるとどうして債券価格が下がる？」「為替が動く要因は？」といったことに、さらさら答えられるようになりたいものです。そうした知識は、きっといい仕事にもつながっていくと思います。

仕事を離れた個人の生活においても、経済に関する知識は欠かせません。元気に働いているうちはまだいいですが、退職後の過ごし方などについては、いろいろな制度の内容や社会情勢の変化を見定めておかないと、しっかりとした備えができません。

家を買おうと思えば、今は買い時なのか、どんなローンを組めばいいのか、といったことを考えなければなりません。子供ができたら、どんな教育を受けさせればいいのか、どのくらいの費用がかかるのか、といったことを考えなければなりません。

こうしたことは、その場になってから慌てても、間に合いません。**資金も知識も、コツコツ蓄えていかなければ役に立ってはくれない**のです。

「お金のことには疎くて」と、超然としている姿は、なんとなくカッコよく映ることもあります。しかし、仕事の面でも、私生活の面でも、経済を知ることは必須です。

働いている人間として、経済オンチは決して誇れることではありません。

家庭の一員として、お金に疎いことは、家族に迷惑をかけるもとになりかねません。

POINT

真面目は誇っていい。でも、経済オンチは公私ともにマイナス。

2 ▼ 経済を自分事にしよう

▽日本の未来は明るい？　暗い？

役所内で開いた予算編成説明会で、「日本の未来は明るいと思いますか？」という質問をしてみました。明るいと思う人はパー、暗いと思う人はグーを上げてもらったのですが、グーが圧倒的多数でした。8割どころか、ひょっとしたら9割を超えていたかもしれません。

説明会には若い人が多く集まっていたのですが、将来に対する不安は大きいようです。**公務に携わる人間が国の未来を悲観してばかりいてはいけませんが、冷静に周りを見回すと確かに不安要素は少なくありません。**

なんといっても、人口が減っていくという動かしがたい事実があります。これは、「減るかもしれない」ではなく、確実に減ります。役所的には、「人口を維持できるように全力を尽くしてまいります」とでも表現するのでしょうが、国全体としては今更どんな対策をしても、これから何十年間か人口が減り続けることは避けられません。人口が減り、平均年齢がどんどん上がっていく社会の姿は、経済成長や活気のある社会を連想させてはくれません。

▽経済の先行きにしっかりと関心を持つ

今後の停滞が予測されていても、これまで十分に成長してきたというのならまだ救われるのですが、１９９０年頃のバブル崩壊後、失われた10年、失われた20年と言われるなど、日本経済は長く低迷してきました。

この間、アメリカは成長を続け、マイクロソフト、アップル、グーグル、アマゾンといった革新的な企業を生み出しました。日本は、すでにアメリカの競争相手ではなくなっている感じがします。ヨーロッパでも、国ごとのばらつきはあるものの、ドイツはずっと好調ですし、イギリスも成長を続けてきました。中国にはあっという前にGDPで抜かれ、今やはるかかなたです。

もちろん、どの国もいろいろな問題を抱えていますが、経済に限って言えば、何十年間も低迷し続けてきたのは、世界で日本だけと言っていいのではないでしょうか。

その日本でも、ここに来て、ようやくデフレ脱却の機運が高まってきています。株価は、何十年ぶりという高値を付けましたし、企業業績も改善しました。２０２０年に東京でオリンピック・パラリンピックが行われるという強烈な追い風もあります。

ですから、悲観一色になる必要はありません。人口が減って、経済の規模は縮小するかもしれないとしても、一人ひとりの豊かさを高めていける可能性はあるのです。

私たちが心がけるべきは、経済の先行きにしっかりと関心を持つことです。**どんな未来が待っているのかは、誰にもわかりませんが、与えられた情報の中で予測することはできます。**予測がずれていたら、順次修正していけばいいのです。

そして、その予測をもとにした準備をしましょう。経済がよくなっていくと予測するのなら、それに乗っていけるような方法を考えましょう。残念ながら、暗い未来が予想されるのなら、それに飲み込まれないような用意をしましょう。

POINT

将来を悲観するより、まず経済を自分事に。

3 国の財政状況が公務員に与える影響

▽日本は世界史上に残る借金大国

お金や経済を「自分事」として受け止めるためには、事実を踏まえておくことが大切です。となると、暗い話になりますが、国や地方の財政の話に触れないわけにはいきません。

日本の借金が、世界最大レベルに積み上がっているのは有名な話です。人によっては見飽きたグラフでしょうが、わかりやすいのでこちらをご覧いただければと思います。次頁のグラフは、国別の債務残高の対GDP比を先進各国で比較したものです。

このとおり、日本の借金は他を圧して多くなっています。

ちなみに、この中にはありませんが、財政破綻が国際的な問題になったギリシャの比率がちょうど200%くらいですから、日本は、それよりも悪い数字です。世界の

【先進国の債務残高の対GDP比】

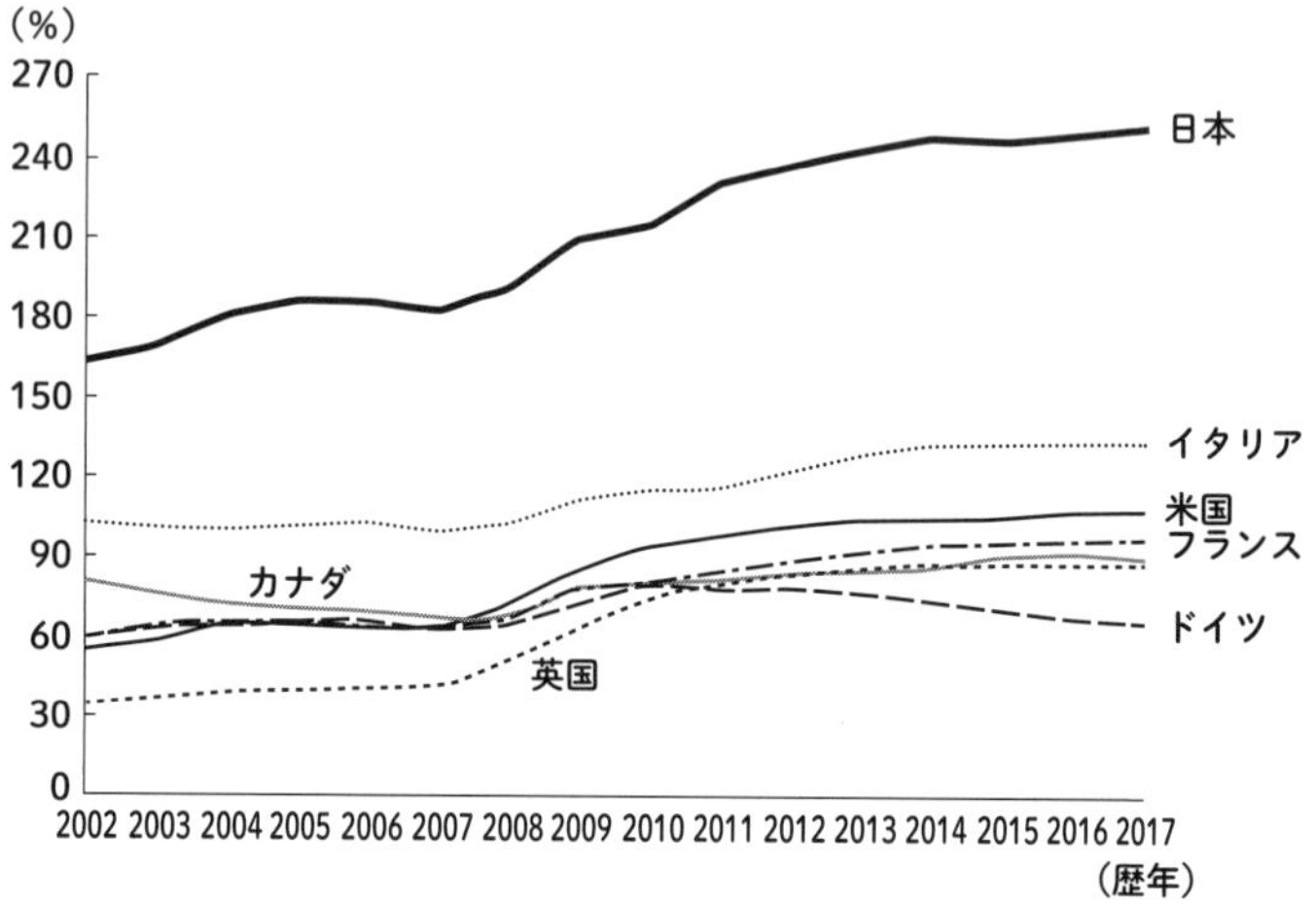

〔出所〕財務省ホームページ

歴史に残る借金大国と言っていいでしょう。

▽国の財政状況については諸説あり

借金が多いということは、どう考えても好ましい状況ではありませんが、借金の額だけで財政状況を判断するのは間違っていると主張している人もいます。日本は世界一の資産を持っていて、それと合わせて判断すべきというのです。

このため、すぐにでも財政破綻しかねない、と警告を鳴らす人もいる一方、日本の借金には全然問題がないと考える専門家もいて、財政状況が悪いかどうかという根本についてさえ意見が分かれています。さらに、先進国の財政破綻はあり得ないとか、国債の利率を見れば市場の信認は明らか、といった意見もあります。

ですから、債務残高だけを見て、絶望する必要はありません。「こんな借金返せるわけない、破綻だ、大増税だ」と空が落ちてくる心配をしても始まりません。

▽地方公務員への影響——給料が上がるのは期待薄？

このように、国の財政状況は非常に厳しいものがあります。では、地方公務員はこれからどうなるでしょう。

まず、仕事の場である地方財政について予想されることについてです。

国の借金がこれだけ積み上がれば、当然財務省は地方に回すお金を減らそうとするでしょう。それは地方交付税や補助金の削減という形で、すでに表れ始めているといえます。本来、地方の税収が減れば、その不足分を地方交付税が補ってくれるはずですが、**今後は、税収は減る、交付税も減る、ということになっていきかねません。**高齢化が進み、建物や道路などのインフラもどんどん老朽化が進んでいく状況で、一部の地域を除いて地方財政が好転する要素はほとんどありません。人口減の影響をまともに受けるのも地方です。

歳入がなければ、歳出を削減していくしかありません。これまで当たり前にやってきた市民サービスにも手を付けざるを得ないでしょう。その際、職員の給料も当然削減対象になります。「財政が厳しいのでサービスは減らしますが、人件費には手を付けません」というわけにはいかないからです。となると、**給料が今後どんどん上がっていくということはあまり期待できなさそう**です。

ちなみに、経済財政諮問会議が、地方が基金、つまり貯金を蓄えていることを問題視しているそうです。国が借金を抱えているのに、地方が貯金をするとは何事か、というのでしょうか。国のように、赤字国債という形で野放図な借金ができない自治体は、コツコツと経費削減を図ってきました。その成果を逆手に取られては、怒りというより、やるせない気持ちになります。

▽生活への影響――残念ながら、明るい展望は描きにくい

では、個人の生活の面ではどうでしょう。

借金が積み重なっている状況で一般的に想定されるのは、増税か歳出カットか、またはその両方かでしょう。せめてどちらかにしてもらいたいところですが、これだけバランスが崩れてしまっては、両方が行われることを覚悟するべきかもしれません。

数ある税のうち、すでに相続税は、その基礎控除額が大幅に引き下げられ、実質的な増税がなされています。常に話題の中心となる消費税については、10%への引き上げが予定されていますが、社会福祉費の増加をそれだけで賄えるとは到底思えません。歳入と歳出をバランスさせ、積み上がった借金を減らしていくためには、さらなる消費税の積み増しか、新たな財源を探すかをしなければならないでしょう。

歳出については、年金給付の切り下げがあり得ます。それも、支給年齢の引き上げか、給付額の引き下げか、あるいはその両方か、といった厳しさになる可能性がありますす。介護や医療についても、見直しが避けられないでしょう。

つまり、税や社会保障負担が引き上げられていく一方で、得られるサービスは減らされる可能性が高いのです。公務についている人間が言うと少し微妙かもしれませんが、**これからは公だけには頼れないと覚悟すべき**だと思います。

POINT

公務員が言うのもなんだが、これからは国に頼りっぱなしではダメ。

4 ▼改めて公務員の特徴を考える

▽給料は丸見え、昇格したらいくらもらえるかもわかる

日本の経済や財政の大まかなところを踏まえたところで、今度はお金の面においての公務員の特徴について考えてみます。

まずは、給料の決まり方についてです。公務員の給料は、職務の難易度や責任の度合いなどに応じて、経験値等に応じた「級」と、その級の中での「号俸」が決められています。

よく「役所のお金の使い方は不透明だ」などと批判されます。何にどう使ったのかわからないというのです。公務員の給料についても、「一体いくらもらっているのかわかったものではない」などという言われようをされたりします。

しかし、実際には、我々の給料は丸見えです。

普通の会社の中なら、「同期のあいつはいくらもらっているのだろう」「課長になったら月給いくらになるのだろう」といったことが気になるでしょう。その点、公務員の場合は探り合う必要はありません。

なぜなら、**地方公務員の給料は、「職員の給与に関する条例」に規定されている**からです。これを見れば、自分が来年いくらになるかということだけではなく、あの人がいくらもらっているのかまで、大体わかります。

また、職務の級別平均給与月額も、ほとんどの自治体で公表しています。これを見れば、課長になったら、いくらもらえるかということがズバリわかります。

もちろん、これらは現状を示したものであり、将来も変わらないという保証はありませんが、目安にはなります。これから先いくらくらいもらえるのか、それが見えるのは、公務員の大きな特徴です。

▽景気の変動を受けにくい

地方公務員の給料が高いのか安いのかは、議論の分かれるところでしょう。

「もらい過ぎ」と考えている人は少なくないと思いますが、実際に働いている側は「決して高過ぎることはない」と感じているはずです。

本来、給料の高い安いは、その仕事ぶりから評価されるべきことです。同じ30万円の月給でも、仕事に見合っていなければ高過ぎますし、困難さや成果が抜きん出ていれば安過ぎると言えます。

ですから、公務員の給料についても、額だけで一概に評価することはできません。ただし、安定していることは確かです。

民間企業であれば、業績や景気の変動によって、給料が大きく上下することがあります。例えば、２０１７年は半導体製造装置メーカーの業績が好調であり、多額のボーナスが支給されたことが伝えられました。映画会社でも、ヒット作が出ると臨時ボーナスが出ると言いますし、反対に、シャープや東芝のように、業績不振によってボーナスが大幅に削られることもあります。業績が落ち込んだ場合、ボーナスだけではなく本給が削減されることもあるでしょう。

一方、**公務員の場合は、景気がいいときにどんどん上がるわけでもない代わりに、景気が悪くても急激に下げられることもありません。**

左のグラフは、総務省が行った「平成29年地方公務員給与実態調査結果」によるものです。平均給与はずっと下がっているように見えますが、この間、平均年齢が１歳以上上下がっていることを考えれば、ほぼ横ばいと見ていいのではないでしょうか。

【地方公務員平均給与月額】

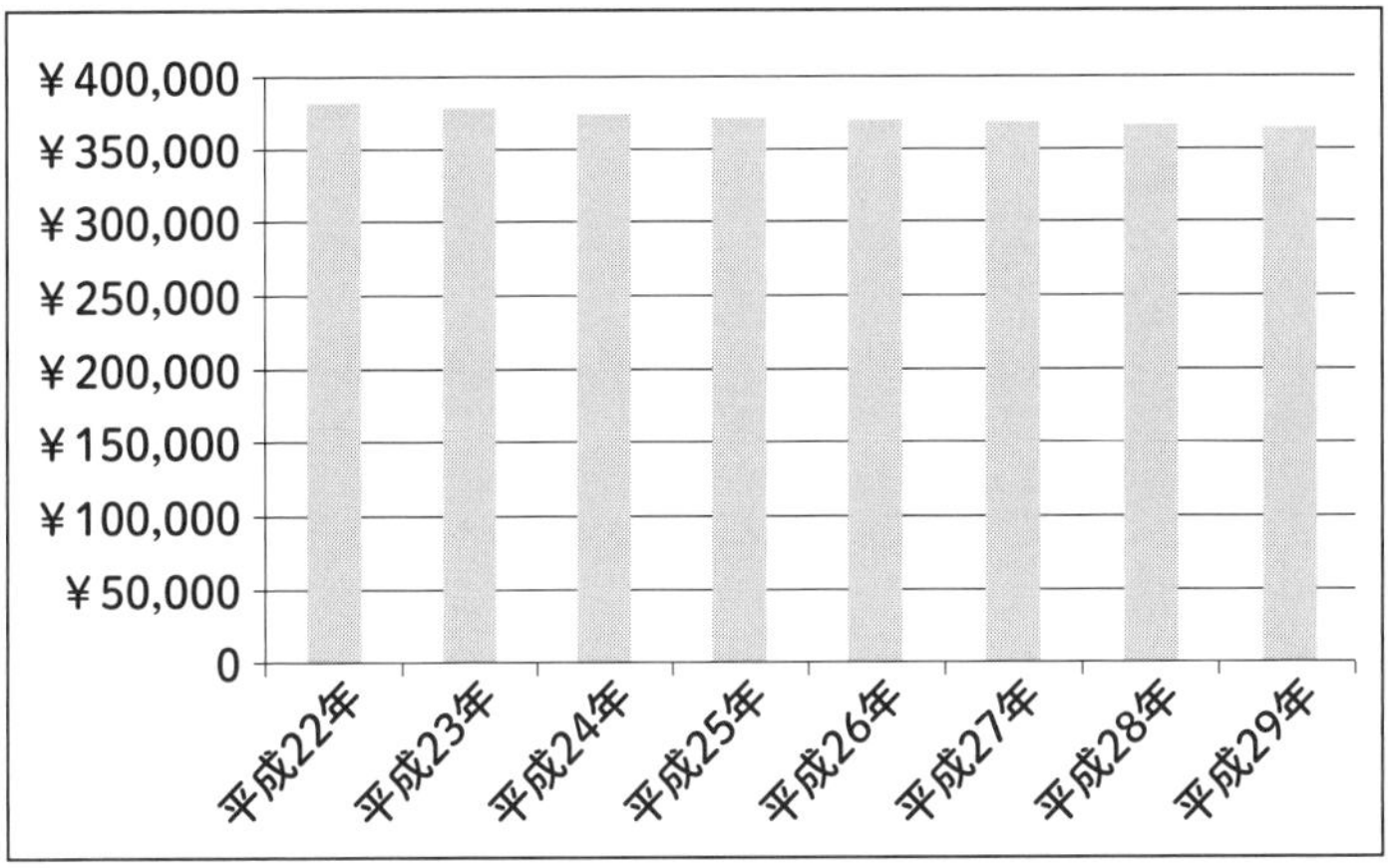

〔出所〕総務省「平成29年地方公務員給与実態調査結果等の概要」をもとに作成

▽「クビにならない」はホント？

「公務員はクビにならない」とよく言われますが、本当でしょうか？　これは、二重の意味で間違っていると思います。

まず、公務員が絶対にクビにならないかと言えば、そんなことはありません。不祥事を起こしたら懲戒免職になる可能性がありますし、あまりにも不適格であると認められたら分限免職になるかもしれません。

もちろん、そう頻繁に起こることではありませんが、飲酒運転で事故を起こしたら即免職という自治体も少なくないですし、「職制等の改廃等により

【懲戒、分限により免職になった職員の数】

	平成27年度	平成28年度
懲戒免職	481人	501人
分限免職	181人	125人
計	662人	626人

〔出所〕総務省「平成28年度における地方公務員の懲戒処分等の状況」をもとに作成

過員等を生じた場合」、つまり仕事がなくなったという理由で免職になるケースもあり得ます。

ちなみに、総務省の調べによれば、平成27年度、28年度で懲戒若しくは分限により免職になった職員の数は上記のとおりです。

これを多いと取るか少ないと取るかは人それぞれでしょうが、単純平均で1日二人ずつクビになっている計算ですから、**まったくクビにならないというわけではない**ことはご理解いただけると思います。

▽民間企業ではすぐにクビになる？

さて、「公務員はクビにならない」という表現が二重の意味で間違っていると書きましたが、そのもう1つの意味は、簡単にクビにならないのは公務員だけではないということです。つまり、民間企業もそう簡単にはクビになりません。

このところ、日本でも格差の問題が大きく取り扱われるようになっていますが、その原因の1つが、正規社員と非正規社員の雇用条件の違いにあるとされています。企業としては、正規社員として雇用してしまうと、整理解雇に関する規制が非常に強く、調整が効かないため、非正規を増やしてきたという実態があります。その結果、日本の労働市場には正規と非正規の二重構造が生まれ、これが格差につながっているというのです。このため、解雇規制の緩和については、たびたび政治的課題として浮上してきます。

そのくらい、民間企業でも少なくとも正規社員となれば、なかなかクビにならないのです。公務員よりはその可能性は高いとしても。

要は、割合の問題でしょう。公務員がクビにならないかと言えばそんなことはありませんし、公務員だけがクビになりにくいかと言えばそんなこともありませんが、**公務員でクビになる人の割合は相対的には少ない**、ということだと思います。

POINT

公務員の給料は安定している。確率は低いが、クビになる可能性はある。

5 ▼ 官が有利な時代は終わった

▽公務員は優遇されている？

「公務員は恵まれている」とよく言われます。

給料が安定していることやクビにされにくいことについては、すでに述べたとおりですが、そのほかにも退職金や年金で、確かに民間より有利な扱いがされてきました。

公務員にとって、退職金はもらえて当たり前のようになっていますが、民間企業ではそうではありません。厚生労働省による「就労条件総合調査」によれば、従業員規模が千人以上という大企業でも、約3割が退職給付一時金、つまり退職金の制度がないとされています。中小零細企業については、推して知るべしでしょう。退職金の額についても、公務員は恵まれていました。

また、年金も、公務員は有利と言われてきました。

民間企業に勤めている人と、いわゆる1階部分は「国民年金」で共通ですが、2階部分が民間企業の場合は「厚生年金」、公務員の場合は「共済年金」に分かれていて、「共済年金」のほうが保険料が低かったのです。さらに公務員の場合、「職域加算」という上乗せがあるため、公務員の年金制度は「2階建て」ではなく「3階建て」である、とされていました。

▽有利な時代の終わり

しかし、公務員が優遇されてきた時代は、終わりを迎えようとしています。退職金も年金も、大幅に見直されたからです。

公務員の皆さんとしては、何年か辞める時期が違うだけで有利不利が出るのは不本意でしょう。ですが、安定した環境で仕事をさせてもらっている公務員が、退職後も恵まれているとしたら、それはやはりおかしいのではないでしょうか。民間企業並みになるのは、当然のことだと思います。

まず、**退職金については、その支給額が大幅に減らされています。**

国では、概ね5年ごとに民間企業の退職給付の水準について調査を行い、それを基に国家公務員の退職給付の水準を見直しています。その結果は、当然地方公務員にも波及します。これが、２０１０年調査では官民で約４００万円もの差があるとされ、公務員への支給額が劇的に下げられたのです。２０１５年調査でも、78万円高いとされていて、合わせると５００万円近くの減額となります。

年金制度も抜本的に見直され、共済年金が厚生年金に一本化されました。これにより、保険料率は段階的に引き上げられ、厚生年金と統一されます。給付も、揃えられていきます。

公務員への優遇がなくなるのは、正しい方向だと思います。しかし、個々の公務員としては、厳しい時代となりました。

POINT

もはや公務員も安泰ではない。変わらなければ、取り残される。

6 ▼ 人生100年時代のマネープラン

▽大きく変わった社会状況

桶狭間の戦い前夜、織田信長は『敦盛』という演目を謡い舞い、覚悟を固めたとされています。有名なのは、次の一節です。

「人間五十年　下天の内をくらぶれば、夢幻のごとくなり」

ここで謡われる「五十年」は平均寿命のことではないとの説もありますが、50年が人生の区切りではあったのでしょう。そして、平均寿命が50歳だったのは、戦国時代が特別なわけではありません。厚生労働省の資料によれば、終戦直後の１９４７年の平均寿命は男性50歳、女性54歳です。１９５０年の段階でも、男性の平均寿命は58歳でした。国民全員が年金に加入する国民皆年金が実現したのは、１９６１年のことです。そして、その年の平均寿命は、男性66歳、女性71歳でした。また、総人口に占める65歳以上人口の割合、いわゆる高齢化率は、２０１５年段階で25％を超えてさらに上昇中ですが、１９６１年の段階では、わずか5％ほどでした。

これまで、社会状況が劇的に変化してきたのに対し、制度の改正は後手後手になってきました。しかし、このままでは年金も医療も、制度として維持できないでしょう。役所に勤めていれば、一度決まったルールを覆すことの難しさはよくわかります。変えたほうがいいとわかっていても、現在の制度で利益を受けている人や、改正によって不利益を被る人がいる場合、なかなか踏み切れません。国民年金や国民健康保険も、時代の変化に合っていないことは誰の目にも明らかですが、抜本改革は行われないままです。

であれば、こちらから動くしかありません。一公務員としては、時代に合わない制度があれば、それを改めるために全力を尽くすべきですが、**一個人としては、制度の改正を待っている場合ではない**でしょう。

▽長生きするリスク

今や女性の平均寿命は87歳、男性は81歳ですから、60歳でリタイアしたとすると、そこから平均でも20年以上人生が続きます。長生きする可能性がぐっと増したことを、「長生きするリスク」と呼んでいる人もいます。

自分だけでなく、親も長生きします。長生き自体はおめでたいことですし、世界に誇れることですが、それに対する備えをリアルにとらえなければならない世の中になりました。残念ながら、年金に全幅の信頼がおけない状況では、一人ひとりがそれに備えなければなりません。

また、金利が極端に低下していることも、貯蓄の効果を大幅に減じています。今や、貯金をしても、利子にはまったく期待ができません。経済成長への期待ができないのも、過去とは違う現在の姿です。国の財政状況も、過去最悪と言わざるを得ません。

世の中が変わった以上、自分たちも変わらなければなりません。

「これまでなんとかなったから、これからもなんとかなるだろう」と思いたくなるのが常ですが、**なんとかなる保証はどこにもありません。**

POINT

制度は時代の変化に追いついていない。新しいプランが必要。

COLUMN 1
ギャンブルの功罪

資産運用でお金を蓄えることを目指す本で、ギャンブルの話をしてどうすると思われるかもしれません。確かに、ギャンブルは胴元が儲かることになっていますし、確率的にも資産活用には絶対に向いていません。

ですから、「ギャンブルで稼ごう」などと言うつもりはありません。けれども、通過儀礼として通っておきたい関門である気もします。男性女性を問わず、競馬でもパチンコでもなんでもいいので、少しでもいいからかじってみたほうがいいように思うのです。

ギャンブルをすると、その人の本性がわかると言います。私の経験上も、豪快そうな人が、麻雀ではやたらと繊細だったり、コツコツやるタイプに見えていた人が、競馬場では大穴馬券にドカンと賭けていたりするのを見かけました。そうした姿は、周りにも意外ですが、自分自身にも新鮮なのではないでしょうか。

そして、そういう別の自分の姿を知っておくことが、将来の投資にも活きてくるように思います。お金が絡むとカッとなる面があるとわかっていれば、株にのめり込むことを防げるかもしれません。損得があると自分では選べないタイプだとわかっていれば、投資信託でプロに任せるという選択肢もとれそうです。

それに、いつもいつも合理的なお金の使い方ばかりを考えるのも窮屈です。のめり込んで散財してしまっては元も子もありませんが、時には「夢を買う」ことも必要でしょう。宝くじを買って、ぜいたくをすることを夢想したり、好きな馬の単勝馬券を買って声をからして応援したり。

将来に向けた倹約も大切ですが、今を楽しむことを忘れてしまっては、つまらないですよね。

CHAPTER

2

いまさら聞けない お金・経済のきほん

1 ▼ そもそもお金とは何？

▽「お金」という摩訶不思議なもの

普段、何気なく使っているお金。

コンビニでおにぎりを買うときには小銭を出し、電車に乗るときにはSuicaやPASMOといった電子マネーを使うなど、自然に使い分けていると思います。なるべく現金を持ち歩かず、カードで決済することが多いという人もいるでしょう。

しかし、ちょっと考えてみると、お金とはなんだか不思議なものです。紙でできたものを1万円札としてみたり、金属で精巧に作ったものを5円玉としてみたり。電子マネーに至っては、物理的なやり取りさえなされません。さらに、仮想通貨なるものまで登場しました。

実際の買い物の場面でも、「え、こんなものが100円で買えるの？」という驚きもあれば、「なんで時計って100円ショップでも買えるのに、何百万円も払う人がいるの？」という不思議もあります。

▽お金の機能は3つある

お金の定義について調べてみると、「お金とは『価値の尺度』『交換の手段』『価値の保存』という3つの機能を持つものである」とするのが一般的なようです。

「価値の尺度」とは、**物やサービスの基準を示す**ものということです。お金があるおかげで、このパンは150円、映画は1，800円などと示されます。ちなみに、この本の値段は税別で1，600円です。それに見合う価値が届けられていることを祈っています。

「交換の手段」とは、**お金が間をつなぐ役割を果たす**ということです。パン12個と映画1本の価値が同じだとして、映画館としてもそんなにパンを持ってこられても困ります。そこで、お金に間を取り持ってもらうことになります。

「価値の保存」とは、**100円を100円のままで残しておく**機能です。例えば、握りたてのお寿司にはものによっては非常に高価な値段が付きますが、時間が経つと急速に価値が下がります。お金に換えることで、価値を保つというわけです。

▽お金について深く考える

紙っぺらでも、国が1万円の価値があると言い、皆がそれを信じればその紙は1万円になります。芸術家が、何年もかけて、どれだけ精魂込めて作った作品でも、誰も買ってくれなければ、金銭価値としてはゼロです。

「お金に色はない」という言葉があります。どのようにして得たお金でも、お金はお金で変わりない、という意味です。

一方、お金について深く考えたと言われている、『モモ』や『はてしない物語』などで有名なドイツの童話作家ミヒャエル・エンデは、「パン屋でパンを買うお金と、株式取引所で扱われるお金は別のお金として扱われるべき」と言っていたそうです。

そして、エンデの言葉を実践するような形で、各地で地域通貨が誕生しました。

お金から逃げることはできません。ならば、深く考えてみませんか。

POINT

お金に向き合って、「お金観」を獲得しよう。

2 では、景気って何？ 自治体にどう影響する？

▽好景気を体験していない世代

公務員の平均年齢は、40歳くらいです。2018年現在で40歳になっている人は、1978年生まれということになります。働き始めたのが2000年前後でしょうか。

1990年頃にバブルが崩壊し、日本経済は急減速しました。その後、1997年には金融不況で大手金融機関がバタバタ倒れ、2001年には同時多発テロ、2007年から2008年にかけては、サブプライムローン問題とそれに伴うリーマンショックにより、世界経済が危機に瀕しました。

こうして振り返ると、今働いている人たちの多くは、景気が良かった時代を実体験として持っていないということになるのかもしれません。もちろん、学術的・公的な定義では、１９９０年以降も循環的に景気拡大局面を何度か迎えていますが、実感としては、ずっと景気が悪い、ということになるかもしれません。

▽好景気と不景気では何が違う？

不景気がさらにひどくなると、恐慌と言われるようになりますが、戦後、そこまで落ち込んだことはありません。となると、日本人は、世界で一番不景気に慣れ親しんでいる民族と言っていいかもしれません。ですから、不景気がどんな状況かはよくわかるでしょう。**仕事が見つからない、給料が上がらない、土地などの資産価格が下がる、モノが売れない**といった現象が不景気には生じます。

好景気はその反対です。**仕事に就きやすい、給料が上がる、土地などの資産価格が上がる、モノが売れる**、といった現象が見られます。さらに、一般的には物価や金利も上がることになります。

２０１７年の後半、株価が大きく上昇しました。求人倍率も上がっていますので、目に見える形での好景気に入っていけるチャンスを迎えているのかもしれません（これまで、こうした機会を何度も逃してきたのも事実ですが）。

▽景気の良し悪しの自治体への影響は？

景気の変動は、自治体の仕事にも大きな影響を与えます。

景気が悪いときの状況は、皆さんがこれまでに経験されてきたとおりです。税収減に伴い、財政状況が悪化し、経費の削減が至上命題になります。事業は縮小傾向になりますし、職員の数も減らされることになるでしょう。仕事に就けない人が増えるため、生活保護や国民健康保険の業務量が増加します。また、積極的な投資が控えられるので、建築指導や開発指導の件数は減少するでしょう。

反対に、景気が良くなると、税収が増え、財政状況が改善することが期待できます。それまで我慢してきたいろいろな事業ができることになるかもしれません。一方、民間が人材確保に力を入れることになるため、人は集めにくくなる傾向があります。

意識してもしなくても、自治体の仕事は景気の波に大きく影響を受けているのです。

POINT

世間の風に触れて、景気をしっかり感じたい。

3▼経済のカラクリ「金利」って何？

▽金利だけで暮らせる時代があった

今ではほとんど死語になってしまいましたが、かつては「金利生活者」という言葉が普通に使われていました。今は定期預金でも、金利は1％を大きく割っていますが、1970年代から1990年頃までは6％以上という水準がざらにあったのです。

つまり、例えば退職金を2，000万円もらった人が、それまでの貯金1，000万円と合わせて3，000万円を6％の定期に入れれば、年間180万円の利子が付くことになります。月に直すと15万円ですから、これに年金を合わせれば、十分暮らしていけたでしょう。

▽なぜ今はこんなに金利が低いのか

金利は、「経済の体温計」と言われます。体温を見れば人間の体調がわかるように、**金利の上げ下げを見れば経済の状況がわかる**からです。

人間であれば体温が高いのは危険信号ですが、経済では金利が高いのは好調の証拠とされます。利息を払うことは「お金の使用料」のようなものですが、金利が高いということは、高い使用料を払ってでもお金を調達したいということの表れです。企業であれば、使用料を払ってお金を調達しても、十分元が取れるとの判断があるのでしょうし、個人であれば、後々返せるという見込みが立つという状況です。

反対に、**金利が低いのは、使用料を払ってまでお金を調達しようとする企業や個人が少ないから**ということになります。銀行が借り手を探すのに苦労する状況ですから、お金が世の中に回らず、経済は低迷します。かなり長い期間、日本の金利は超低水準に張り付いています。お金を借りたい人にとってはチャンスと言えますが、経済全体にとっては必ずしもいい状況ではありません。

基本的に、金利は経済活動に合わせて自然に決まりますが、中央銀行が介入することがあります。と言うより、中央銀行は金利の動きに始終目を光らせています。

ここ何十年間かの日本を見るとあまりピンと来ませんが、景気は往々にして過熱します。儲かるから投資、儲かったからさらに投資、という感じでお金がお金を呼ぶような状況になります。それがいつまでも続けばいいのですが、膨らみ切った風船が破裂するように、はじけ飛ぶことがあります。そうなると、経済へのダメージは深刻です。そこで、中央銀行は金利を調節して、風船が膨らみ切らないように誘導しようとします。

具体的には、景気が過熱すると判断した場合、金利を上げていくのです。そうすることによって資金需要を抑えるとともに、中央銀行としては景気の過熱を抑えようとしているのだということを伝えます。

反対に、**経済活動が委縮している場合、中央銀行は金利を下げることによってお金を回らせようとします。**お金の使用料が下がることによって、「じゃあ、何かやってみようか」と思う人が増えることを狙ってのことです。2016年1月に採用された「マイナス金利政策」は、その究極の形と言っていいかもしれません。

POINT

日本の金利が低いのは、経済に元気がないから。

4 ▼改めて「株式」って何？

▽起源から知る「株式会社」の意味

ウン十年前、当時人気だった山梨県の清里に遊びに行ったところ、「北野印度会社」なるカレー屋さんを見かけました。これは当時流行りだったタレントショップの一つで、ビートたけしが関わっていたカレー屋さんです。

もちろん、この名称は、世界史の教科書にも載っていた「東インド会社」のパロディです。そして、この会社（詳しくは「オランダ東インド会社」）こそ、世界最古の株式会社とされています。設立は1602年、日本で言えば関ヶ原の戦いの翌々年です。

当時のヨーロッパは大航海時代。我こそはと思う冒険家たちが海にくり出し、胡椒などの香辛料を持ち帰り、大きな富を得たと言われています。しかし、当時の航海は、難破する恐れが大きいことに加え、海賊や疫病など、危険に満ちていました。また、長期間の航海になるため、大きな資金も必要となります。危険を顧みず航海を目指しても、資金がなければ実現不可能。逆に、お金はあるけれど航海は無理という人もいます。この両者を結び付けた仕組みが株式です。航海に出る冒険家は、こういう目的でどこそこに行き、帰ってきた暁には、これだけの利益が上がる、とPRします。お金がある人は、出したお金に見合うだけのリターンが期待される場合、出資者となります。ただし、お金持ちとしても、一人で全部負担するのは厳しい場合、必要な資金を小分けして分担することにしました。そして、出資の証拠に証書でも発行したのでしょうか。これが株式の起源とされています。

冒険家が無事に帰還し、利益を上げた場合、出資者には持っている株式の比率に応じて、利益が分配されます。残念ながら、帰還できなかった場合、出資者が出したお金は戻ってきませんが、出したお金以上の責任を問われることはありません。

出資者と経営者は別、出資者は出した金額に応じて利益の配分を受ける、出資者の責任は有限、といった株式会社の基本原則がご理解いただけるかと思います。

▽なぜ株価は変動する？

株価は毎日変動しています。企業の価値がそんなに刻々変わるわけがなく、思惑で動く株式市場に胡散臭さを感じる人もいるかもしれませんが、株価が動く理由も、冒険家への出資の事例で理解できると思います。

例えば、航海には1億円必要で、これを100人の出資者で分担したとします。一人当たりは100万円の負担であり、出資者は船が帰ってこなかったら丸損になるものの、帰ってきた場合、香辛料が高く売れて、150万円のリターンが見込めると考えていたとします。

しかし、船が航海に出ている間に、別の地域で採れる香辛料が人気になってしまったとすると、リターンが小さくなる可能性が増えます。その場合、最初の出資金の価値は100万円を下回る、つまり株価が下がるということになります。

反対に、ずっと平穏な天気が続き、海賊も鳴りを潜めていることから、どうやら船が帰ってくる見込みが高そうだとなれば、出資金の価値は上がるでしょう。

実際の株式市場も、基本的には同じような仕組みで動きます。

例えばトヨタは、為替の影響を強く受けるため、円高が進行しそうだとの見方が広がれば、株価は下がります。また、ライバル会社が、より性能のいい電気自動車の開発に成功した、との報道がなされれば、それもトヨタの株価を押し下げます。もちろん、株価に影響を与える最も大きな要素は、その企業の業績です。

▽会社を始めた人の目標の1つが「株式上場」

上場とは、自社の株式を証券取引所において売買可能にすることであり、株式公開とも言います。上場することで、企業はより多くの投資家から資金を集めることができるようになり、一般の人もその企業の株を買うことができるようになります。また、知名度が上がる、信頼度が高まる、といったメリットもあるようです。

日本の上場企業は、約3,500社。会社は何百万社もありますから、上場できるのはごく一部ということになります。ただし、十分上場する体力があるのに、あえて上場しない企業もあります（例えば、ＹＫＫやＪＴＢなど）。

会社を興した人にとって、上場することは1つの大きな目標でしょう。創業者利益として大きなお金を手にすることができるのももちろんですが、「認められた」という達成感も得られると思います。

POINT

株にはその成り立ちからロマンがある。

5 「円高」「円安」はなぜ起こる？「円高」「円安」で何が起きる？

▽強い国の通貨が強いとは限らない

「長期的には、通貨の価値はそれぞれの国の国力で決まる」という説を聞いたことがあるのではないでしょうか。

ひと月や1年という単位では、市場の思惑などで上下に変動しても、経済力を中心に、政治力、軍事力を含めた総合力が高まれば、長いスパンでは自然にその国の通貨の評価も高まっていくはず、というわけです。反対に、国の力が弱まり、将来に対する悲観が増せば、その国の通貨も弱くなっていくはずだ、との考えです。

普通そうなりそうですし、そうなったほうがわかりやすいのですが、現実にはそうはなっていません。円ドルの相場を見れば、国力と為替相場の関係のなさがよくわかります。

【1980年以降の円ドル相場の推移】

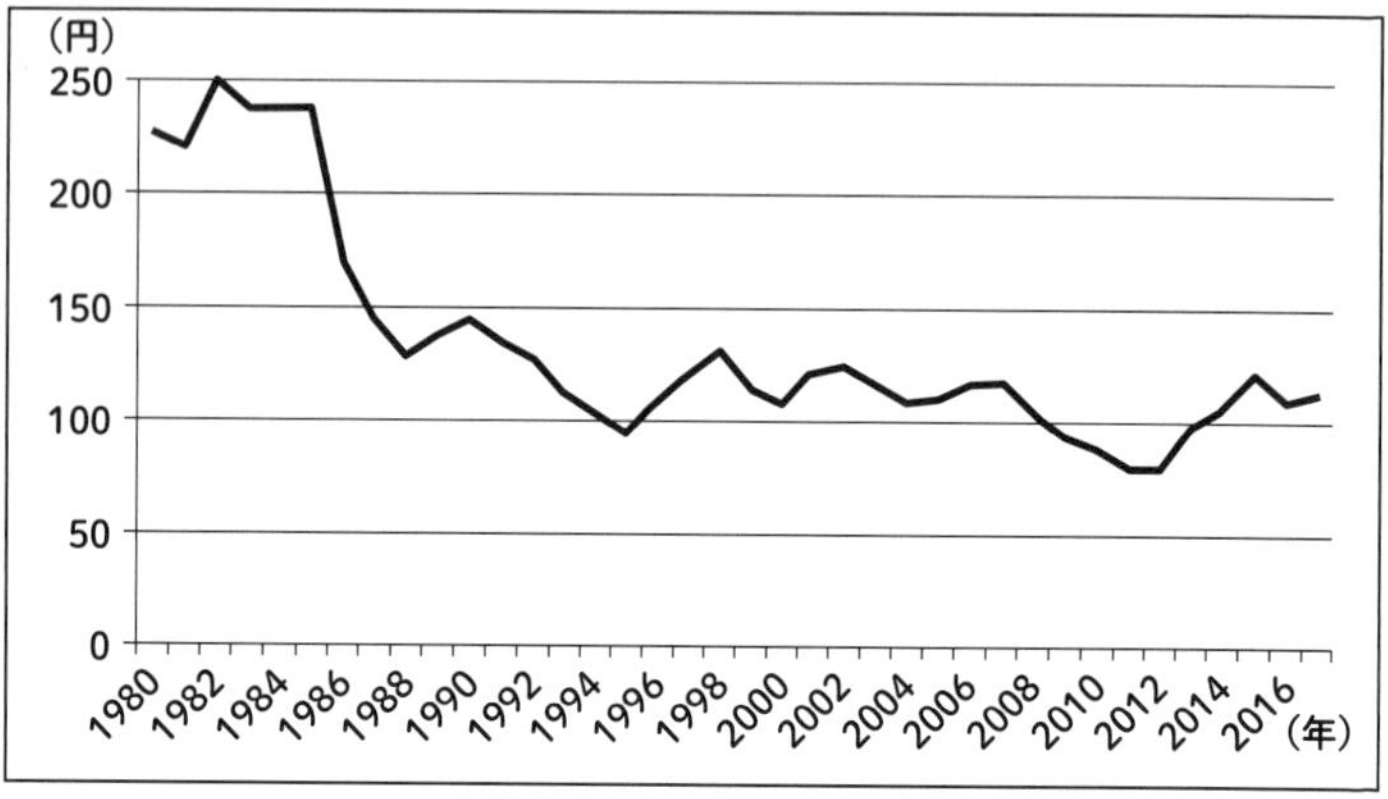

このグラフは、１９８０年以降の円ドル相場の推移をグラフにしたものです。１９８２年の２４９円をピークに、基本的なトレンドは円高方向に動いていることがおわかりいただけると思います。

しかし、この間、日本の経済力は後退していますし、国際的な地位も低下傾向にあると言わざるを得ません。つまり、**国力と為替の高低には直接的な関係はない**のです。

▽「円高」って何？「円安」って何？

普通は、値が大きいほうが「高い」とみなされます。１００グラム２５０円の肉より、１００グラム４００円の肉のほうが高いと考えるのは当たり前でしょう。

しかし、為替では逆になります。つまり、

【A国の通貨高が見込まれる状況】

A国	B国
金利高	金利低
貿易黒字	貿易赤字
好景気	不景気
金融引き締め	金融緩和

1ドル＝150円より1ドル＝100円のほうが円高なのです。落ち着いて考えれば、150円払わなければ1ドルと交換できなかったものが、100円で交換できるようになったわけですから、数字が低いほうが価値が高まっていることはわかるのですが、いつまで経っても、なんとなく違和感を覚えます。

では、どういう場合に円が高くなるのでしょう。A国とB国の間の為替取引において、A国通貨が高くなるだろうと思われる経済現象を例示すると上記のようになります。

つまり、A国通貨は、B国と比べて、金利が高ければ高いほど、貿易黒字が多ければ多いほど、景気が良ければ良いほど、金融引き締めが行われていればいるほど、高くなるはずだ、ということになります。日本では、金利がゼロ近辺に張り付いていたのに円高が進んだことがあるなど、実際にはこのとおり動くとは限りませんが、セオリーを知っておくことは大切です。要は、**その国の通貨の魅力が高まっていれば、評価も高くなるはず**、ということです。

▽「円高」だとどうなる？　「円安」だとどうなる？

テレビなどで、経済評論家的な人が、「円高になるのは日本が評価されているということなのだから、円高を喜べるような国づくりを進めなければならない」と主張することがあります。言わんとすることはわからなくもないものの、現実はまったく逆です。つまり、**円安になったほうが、日本経済には恩恵が大きい**のです。

なんといっても、円安になると日本の主力企業の業績が向上します。1ドル＝70円のときには100ドル売り上げても円換算すれば7,000円ですが、1ドル＝120円になれば（50円円安になれば）、100ドルの売り上げが12,000円になるのですから、為替の効果は絶大です。円安によって主力企業の業績が上向けば、株も上がり、税収も上がると期待できます。円が安いほど外国人観光客には有利ですから、訪日外国人が増える可能性も高まります。

一方、円安のデメリットとしては、輸入品の価格が上昇する、海外旅行に行くときに不利になる、といったことが挙げられます。

円高になると、円安とは反対のことが起きます。企業業績が悪化し、株が下がることになるでしょう。もちろん、輸入品が安くなる、海外旅行に行きやすくなるといったメリットもあります。

現代は経済最優先ですから、各国政府としては、自国通貨を安くしたいという誘惑に駆られます。「通貨安競争」という言葉があるほどです。ですから、理想論はさておき、通貨は安ければ安いほど有利なのは動かせない事実でしょう。

大企業が所在している自治体にとって、為替相場の動向は重大な関心事のはずです。円高に振れて、企業の利益が吹っ飛んでしまったら、その自治体の税収にも大きな影響を与えるでしょうから。国内での生産を取りやめることになりでもしたら、働く場所が失われる一大事となります。

それ以外の多くの自治体にとっては、為替相場は縁遠い話かもしれません。しかし、経済に大きな影響を与える重大事ですから、大体の円相場の値と、相場の大きな流れくらいは、常に押さえておきたいものです。

POINT

円高が死活問題になる自治体もある。

6 ▼公務員にはデフレとインフレ、どっちが得？

▽正体不明！　デフレの謎

デフレとは、デフレーションの略であり、物価水準が継続的に下がっている状態を指します。「継続的」とはどのくらいかというと、内閣府では「2年以上」という期間を1つの基準としており、一般的にもこの定義が使われているものと思います。

反対に、物価の上昇が続くことをインフレと言いますが、デフレに陥るまで、日本はずっとインフレでした。また、世界広しといえど日本を除くと、長期間にわたるデフレを経験した国はほとんどありません。

そのため、そもそもデフレとは何なのか、という解釈に戸惑いが見られました。例えば、デフレと不況を混同して、物が売れにくくなったことをデフレと解釈してしまっている人がいます。また、人口減少をデフレの原因とするといったような、経済学的にはトンデモな説もかなり広がりました。今に至っても、日本のデフレの原因については究明されていないというのが本当のところと言えるのではないでしょうか。

本格的なデフレに苦しんできたのは日本だけですが、**物価が上がりにくくなっているのは世界共通の現象**です。こうした状況を、「ディスインフレ」と呼びます。アメリカも、景気拡大が続いているのにも関わらず物価が上昇しない状況で、FRB（連邦準備制度理事会）のイエレン前議長も、「物価の2％割れはミステリー」と述べています。

▽デフレとインフレ、経済にはどっちがいい？

インフレに、悪い印象を持っている人は多いと思います。物価が上がって喜べる人などほとんどいないはずですから当然です。これまで100円で買えていたものが110円、120円……と上がっていけば、生活は苦しくなるばかりです。

しかし、企業にとっては、インフレは悪い状況ではありません。今年より来年、来年より再来年と売上げが上がっていくのですから、物価が上がることは基本的には歓迎です。今後物価が上がる、と多くの人が予想すれば、「上がる前に買っておこう」という気持ちが働くはずですから、消費拡大にもつながります。

では、デフレはどうでしょう。

消費者にとって、物価が下がることは歓迎材料です。しかし、企業にとってデフレは死活問題です。去年まで100円で売れていたものが、90円でしか売れなくなったとしたら、売上げはその分ダウンします。多くの企業の利益率はそれほど高くありませんから、値段が下がってしまうと、直接業績に響き、場合によっては赤字に転落することもあり得ます。また、消費者の買い控えが深刻になる可能性があります。企業の業績が下がれば、従業員の給料も下がり、雇用が減ることにもなりかねません。

こうしたことから、**経済全体とすると、デフレよりインフレのほうが望ましい**とされています。もちろん過度なインフレではなく、概ね2~3%くらいのマイルドなインフレが目指されています。

▽デフレとインフレ、公務員にはどっちがいい？

公務員の特徴として、「給与が安定している」ということを挙げました。大きく上がることもない代わり、大きく下がることもない、というわけです。

インフレになると、物価が上がり、お金の価値は下がります。こうしたときに給与が上がらないと、生活は苦しくなるでしょう。一方、デフレの際には、反対に物価が下がり、お金の価値が上がるので、変動の小さい公務員の給与が強みになると言えます。

また、インフレ時には失業率が下がり、デフレ時には失業率が上がるとされているため、デフレの時期には、公務員の安定性が強みを発揮することになります。

このように、**個人としての公務員は、デフレへの耐性が強い**と言えます。しかし、自治体の財政は、デフレは歓迎できません。なぜなら、物価が下がり、それに連れて税収が下がっても、公務員の給与や各種の給付費についてはは同じように下がるわけではないため、財政が圧迫されるからです。デフレ期には失業率が上がり、格差も広がる傾向にあるため、福祉にかかる経費が増える傾向にもあります。

こうした状況がどんどん進むと、それまで通りのやり方では財政が維持できませんから、公務員の給与や定数を削減する方向への動きが加速するでしょう。

公務員にとっても、マイルドなインフレでの着実な経済成長が望ましいと言えそうです。

POINT

デフレは世界経済共通の敵。

COLUMN 2

「日本経済新聞」を読もう

日本で経済についての新聞と言えば、日経の略称で親しまれている「日本経済新聞」でしょう。金融やビジネスについて話をしようとすれば、相手は当然日経を読んでいると想定されます。日経の報道内容を知らないと、話の前提から入り込めないことになります。

日経の特徴は、容易に予想されるとおり、経済に関する記事が多いということです。１面から経済の記事であり、政治に関する記事も経済に寄せられています。国際面も、経済に絡んでいます。中ほどには、投資情報やマーケット関連の記事が来ますし、学者による「経済教室」といったコーナーもあります。スポーツ面、社会面もあり、最終頁は、文化面です。

私はいつも１面をざっと読んだ後、ひっくり返して文化面から読み始めます。著名人が登場する「私の履歴書」は人気の連載で、興味のある人が書いている場合は欠かさず読みます。地域経済面では、近隣自治体の動向を知ることもできますので、地方公務員は必読です。

マーケット面及び投資情報面は、日経の肝の部分。マーケット面に掲載されている「大機小機」は、経済についてのピリリと辛いコラムです。投資情報面では、主に上場企業の業績予想などが掲載されています。気になる企業があれば、投資先の候補として心に留めておきます。

私は、経済に絡まなくても仕事が回ってしまう公務員こそ、そして、社会の変化に寄り添って仕事をしなければならない公務員こそ、経済に関心を持つべきだと考えています。その情報源として、日本経済新聞は必須でしょう。いい仕事をするために、いい資産運用をするために、日本経済新聞を読みませんか？

CHAPTER

3

公務員のライフプランを考える

1▼公務員のライフプランとは

▽ライフプランって何？

ライフプランを直訳すると、人生計画となるでしょうか。人生設計とも言われています。お金の要素を強くするために、マネー・ライフプランという表現もされます。つまり、ライフプランとは、**「お金を基軸に考える人生の設計図」**といったことになるでしょうか。

若いうちは夢を持っていいはずですから、学生の頃からライフプランをギチギチと考えるのは少し違う気がします。働き出して、ある程度落ち着いてから、考え始めればいいことでしょう。ただし、50歳を過ぎたあたりから考え始めては、ちょっと遅い気もします。もちろん、何をするにも遅過ぎるということはありませんが、設計図の自由度が狭まることは確かです。

もし公務員の皆さんがライフプランを作るとしたら、公務員の特性を活かす必要があります。一般論化されたプランでは、あまり意味を持たないでしょう。

公務員がライフプランを作るときに、想定しておくべき項目は、主に以下のような内容であると思います。

- **自分から退職するか、よほどのことがない限り、終身雇用を前提とできる**
- **現在は再任用制度があり、将来は65歳定年が検討されている**
- **失業手当はもらえない**
- **給与は、年功序列**
- **給与の大幅な増減は考えなくていい**
- **年金制度は厚生年金制度に一元化**
- **地方公務員の場合、転勤エリアが限定される**
- **信用があり、借り入れはしやすい**
- **退職金はきちんともらえるが、額は減少傾向**

▽守られているからこそ果敢に

公務員は、ライフプランを作りやすい職業だと思います。定年まで同じ役所にいることが想定されますし、給与の推移も読みやすく、退職金や年金も見込みやすいからです。

なぜ、公務員はこのように安定し、ある意味恵まれているのでしょう?

1つには、奉仕する立場であるからだと思います。貧困や障害、被災などで、手を差し伸べる必要があるときに、奉仕する立場の人間が不安定では、十分な対応ができません。

また、「悪いことをするな」という意味もあるでしょう。暮らしがギリギリになってしまっては、出来心の入り込む余地も大きくなりかねません。

こうした安定した地位を維持したいばかりに、「大過なく」が目的化してしまっては、十分なサービスを提供することはできないでしょう。**私生活でのマネー・ライフプランは堅実でも構いませんが、仕事は果敢に取り組みたい**ものです。滅多にクビにならないのですから。

POINT

公務員には公務員のライフプラン。

2 結婚した場合、独身を通した場合

結婚は損得じゃない

そんな人はいないと信じたいところですが、お金の損得から結婚するかしないかを判断するのは、やめたほうがいいと思います。結婚したら、こういう費用がかかる代わりに、こういうメリットもある。一方、独身を通した場合、こういうメリットがあるが、こういうデメリットもある。両者を天秤にかけて、だから、私は結婚する／しない、などと考えてしまったら、人生はとてもつまらないものになってしまいます。

好きだからつき合う、ずっと一緒にいたいから結婚する、といったシンプルな感情に流されればいいと思います。

もちろん、お金は大事です。この世の中、お金がなかったら生きていけません。けれど、計算ずくで結婚して、豊かな人生が歩めるとも思えません。

▽結婚した場合

ご結婚おめでとうございます。お相手は、どんな方でしょう。

もし、公務員同士で結婚して、お二人ともずっと仕事を続けられるとしたら、ハンセン&ブロディ並みの（例えが古くてすみません。わからない方は、検索をお願いします）最強タッグです。安定した職場で、しっかりとした額の給与がもらえますし、退職金や年金も確保されます。男女の区別もありません。もちろん、人生何が起きるかわかりませんが、かなり恵まれた環境におられることは確かです。

この場合、正直なところ、**「仕事を辞めないこと」が最も効果的なマネー・ライフプラン**になります。ただし、お金だけで割り切れない面があるのも現実でしょう。

お相手が公務員ではない場合、その人が働いているかどうかで、ライフプランは変わってきます。お金的には働いていたほうがいいに決まっていますが、いろいろな事情もあるでしょう。実態に合わせて将来展望を描きましょう。

お相手が誰でも、結婚した場合に考えるべきは、例えば以下のような項目です。と言っても、いちいちこれらをきっちり考えながら暮らしている人はそうはいないはずです。ほとんどの場合、出たとこ勝負でしょう。それはそれでいいと思います。

・相方がどういう働き方を選ぶか
・それぞれの親が健在の場合、どのように面倒をみていくか
・子供をつくるかどうか、何人欲しいか
・子供が生まれた場合、どのように育てていくか
・家族が増えることを想定すれば、どのような住居がふさわしいか
・自分たちの老後をどうするか
・自分しか働いていない場合、どのような保険に入っておけばいいか

▽独身を通した場合

結婚は縁です。好きになれる人と巡り合えなかったり、好き同士の二人であってもタイミングが合わなかったり、いろいろなことで結婚の機会がないことがあります。縁がなかった、と思うしかありません。

ひとりカラオケや個食など、「おひとりさま」が1つのマーケットになるように、単身世帯が急激に増えています。また、結婚しなければならないという社会的プレッシャーも、以前に比べるとかなり軽減されたと思います。その意味では、独身でいることでの「生きづらさ」はあまりなくなったかもしれません。

独身でいる場合のライフプランは、結婚した場合と比べると非常にシンプルです。結婚相手のこと、結婚相手の親のこと、子供のこと、などを考えなくていいからです。その一方での難しさを含め、独身の場合に考えるべきは例えば以下のような項目です。

・いつまで働くか

・親が健在の場合、どのように面倒をみていくか

・自分の老後をどうするか

特に難しくなる可能性があるのが、親の面倒をどうみるかということだと思います。きょうだいがいれば分担して対応できますが、一人っ子の場合や近くに肉親が住んでいない場合などは、自分だけで対応しなければならなくなります。

公務員の場合、時間休を含めて、休みが比較的取りやすく、介護休暇もしっかり使えるという利点がありますが、先が見えない介護になった場合、一人で面倒を看続けるのが苦しくなることがあるかもしれません。あまり心配ばかりしても始まりませんが、心構えだけはしておきましょう。

POINT

結婚は縁。ライフプランは後からついてくる。

3 転勤はない！ 地方公務員は持ち家と賃貸、どっちがいい？

▽地方公務員は腰を据えて家について考えることができる

テレビ東京に「世界で働くお父さん」という番組があります。異国に単身赴任しているお父さんを、まだ小さな子供たちがサプライズ訪問するという企画です。普段お互いが感じている寂しい思い、恋しい思いが爆発する親子の出会いのシーンは感動ものです。

「残念ながら」と言うべきか、「幸いにも」と言うべきか、地方公務員にはそういうシーンは生まれません。地方公務員の特色の1つとして、基本的に大きな転勤はないからです。出向などの例外はありますが、ほとんどの人は、都道府県職員はその都道府県の中での、市区町村職員はその市区町村の中での異動となります。

一方、一発屋と呼ばれる芸人さんが、売れているときに調子に乗ってマンションを買ったら、その後仕事がなくなり、ローンの支払いに苦しんで首が回らない、といった話をネタにすることがあります。これも、地方公務員には無縁の話です。急に収入が増えたり減ったりすることは基本的にないからです。

つまり、いつ転勤があるかわからないから、家を買うのは控えようとか、いつまでも今の収入を確保できるかわからないからローンを組むのはやめようといった判断基準は、地方公務員にはないということになります。

純粋に、家が欲しいかどうか、家を買ったほうがいいかどうか、といった基準だけで腰を据えて判断できます。当たり前のようでいて、これは実に恵まれた話です。

▽持ち家と賃貸どちらがいいか？

持ち家と賃貸のどちらがいいか、というテーマは、各種のマネー雑誌やお金について考える本などでの定番中の定番です。定番になっているということは、結論が出ていないということでしょう。評価が定まっていれば、あれこれ言われるはずはないからです。

いろいろな人が、それぞれの立場や見識で持論を述べていますが、それぞれのメリット・デメリットをまとめると、次の表のようになると思います。

【持ち家／賃貸のメリット・デメリット】

	持ち家	賃貸
メリット	・自分の家なので好きなように使える ・ローンの支払いが終われば資産になる ・売却できる可能性がある ・税額控除がある	・借金を背負わずに済む ・住み替えや引っ越しが容易
デメリット	・住み替えや引っ越しが困難 ・ローンの利息や固定資産税がかかる ・借金をすることで他に回すお金が制約される ・修繕費や維持費が必要になる	・改修やペットを飼うことなどに制約がある ・老後の賃貸費用が重くなる可能性がある

こうして見ると、**持ち家にはメリットも多いものの、デメリットも多い**という傾向があるようです。ただし、公務員については、転勤がない、給料が安定しているという点で、家を買う誘因が他の職業より多いのは確かだと思います。

▽土地を持っていれば資産になる時代は終わった

2007年から2008年にかけて、アメリカ発の金融危機が起きました。きっかけは、サブプライムローンという低所得者層を対象にした高金利の住宅ローンの焦げ付きでした。

なぜ、低所得者層がどんどんお金を借りることができたかというと、危機前のアメリカでは土地の値段が右肩上がりだったからです。お金を借りて土地を買い、一定期間経過後にその土地を売れば、必ず利ザヤが生じるという状態でしたので、当時はお金を借りてでも家を建てたほうが有利だったのです。

日本でも「土地の値段は下がらない」という土地神話が信じられた時代が続きました。こうした時代であれば、持ち家の優位性は高かったと思います。しかし、今後土地の値段が上がり続けるということは、都心の一等地などを除き、日本では期待しにくいでしょう。

そもそも、自分の住まいは損得で考えるものではないはずです。家を買うために頑張る、というのはわかりますが、得をするために家を買うというのは、投資として行う場合を除けば違和感があります。**損得ではなく、自分のライフスタイルに合わせて住居を考える**という順番であるべきでしょう。

POINT

持ち家・賃貸は損得ではなく、生き方に合わせて決めるべき。

4 どう考える？ 公務員の住宅ローン

▽公務員は住宅ローンを借りやすい

家は大きな買い物です。これを、現金でポンと買えればいいのですが、公務員の給料では、通常はそうはいきません。そのため、何らかの形で住宅ローンを組むことになるでしょう。

住宅ローンは、借りたくても借りられない人もいます。フリーランスで仕事をしている人や、起業した人のエッセイなどを読むと、なかなかローンの審査が通らないのだそうです。

その点、公務員は恵まれています。個人的にひどい借金を抱えている人などを除けば、貸してもらえないということはないでしょう。むしろ銀行も、公務員であれば、ぜひ貸したいと思うはずです。

▽ローンの仕組みを知る

家を買う経験は、一生に一度だけ、という人がほとんどだと思います。となると、住宅ローンを組むのも一度だけ。そのため、知らないことばかりですし、手続きにはまったくの不慣れです。

家を買うという決断は大きなものですが、そのためのお金をどう借りるかということも、一緒に考えるべき重要な決断です。ここを間違えると、将来の支払額に大きな差が出ますから、しっかり情報を仕入れておきたいところです。考えるべきは、以下のような項目になります。

○いくら借りるか

いくら借りるかという問題の答えを出すためには、いくら必要なのか、年収はいくらあるのか、貯金はいくらあるのか、といった要素を併せて考える必要があります。一般に、借入額は年収の5～7倍くらいの間、月々の返済額は月収の25％くらいなどとされているようです。これらは、共働きかどうか、年齢はどうかなどによって大きく変わってきますので、**自分の実状に合わせた設定が必要**です。

◯期間を何年と設定するか

期間を長くすればするほど、ひと月当たりの負担額は小さくなりますが、トータルの金利負担は増します。また、若い頃なら長い期間が設定できても、一定の年齢以上となると短い期間しか設定できません。

◯固定金利か変動金利か

金利によって総支払額が大きく変わりますので、慎重に設定したいところです。通常、固定金利のほうが、変動金利より利率が高く設定されていますので、パッと見は変動金利のほうが有利だと思えますが、今後金利が上昇した場合、思わぬ追加負担となる可能性もあります。どちらが有利か判断することは、未来を予想することですから、誰にもわからないと言っていいと思います。

固定金利には返済額を確定できるという利点があり、変動金利には返済額を節約できる可能性があるという利点があります。どちらを選ぶか、個人の判断となります。

○元利均等か元金均等か

元利均等返済とは、元金と利息の合計からなる毎回の支払額が一定である支払い方法であり、元金均等返済とは、毎回同じ額の元金を返し、利息は都度変わるというものです。

元金均等のほうが、元金の減少が早いため、支払利息が減り、トータルの返済額は小さくなります。その代わり、借り入れ当初の負担が大きくなります。

▽1％の重みを知る

住宅ローンでは、大きな金額を長期間にわたって借りることになります。この場合、金利の影響が非常に大きくなります。

3，000万円を借りて1％の違いが出た場合、単純に計算すると30万円の違いとなりそうですが、実際にはもっと大きな差が生じます。

例えば、3，000万円を35年、元利均等返済で借りた場合の総支払額は、金利ごとで以下のようになります。

（1％の場合）　35，568，000円

（2％の場合）　41,739,000円
（3％の場合）　48,491,000円

つまり、**1％違うだけで、総支払額は600万円も変わってくる**のです。家を買うという大きな決定をすると気持ちも大きくなり、金利の差が気にならなくなってしまうかもしれません。しかし、実は非常に大切な決定であることがわかります。

1％の重みを知り、慎重に選ぶ必要があります。

▽公務員の場合

すでに述べたとおり、公務員は住宅ローンの審査に通りやすい面があります。そのため、あまり制約なくいろいろなパターンの借入方法を検討できるはずです。

地方公務員が持つ、転勤がなく、職が安定していて、年功で給与が上がっていくという特徴を考えると、**比較的大きな金額を、長い期間のローンで組むことができる**でしょう。固定金利か変動金利かは悩むところですが、金利が上昇する局面でも給与がそれにつれてどんどん上がる職種ではないことを考えれば、現在の低金利下では、固定金利で支払額を確定するという考え方が優位かもしれません。

払い方については、若い頃の給与が抑えられているという特徴からすれば、元金均等ではなく元利均等を選ばざるを得ないでしょうか。

公務員には共済による貸し付けもありますが、民間銀行のほうが金利が低い状況にあるようです。

POINT

公務員はローンを組みやすい職種。じっくり有利な商品を選ぼう。

5 ▼公務員に本当に必要な保険とは？

▽「生命保険」のイメージ

皆さんは、「生命保険」と聞いて、どのようなイメージをお持ちでしょうか？

瞬間的に、庁舎内に出入りされている生命保険会社の営業の女性たちのことを思い出す人もいるでしょう。また、知り合いに頼まれて、なんとなく入ってしまったけれど、無駄な出費をしているような気がしているという人もいるでしょう。

公益財団法人生命保険文化センターによる「平成27年度生命保険に関する全国実態調査」によれば、生命保険の世帯加入率は89・2％とのことですので、ほとんどの世帯が何らかの生命保険に加入していることになります。また、年間払込保険料の平均は38・5万円とのことです。

もし、この38・5万円を30年間払い続けるとすると、総額は1，000万円を超えます。生命保険が「(住宅に次いで)人生で2番目に高い買い物」と言われる所以です。しかし、それだけの高い買い物であるにも関わらず、納得感や満足感もないままに、なんとなく払い続けてしまっている人も少なくないと思います。

▽公務員に必要な生命保険

住宅ローンを組む際には、それに見合う保険に入ることになります。車に乗る場合にも、強制保険に加入します。一方、一般の生命保険には、強制性はありません。あくまでも、自らの選択で入るか入らないかを考え、入るとしたらどの商品がいいか、選ぶことになります。高い買い物ですから、できる限り慎重に選びたいところです。

生命保険と一口に言っても、いろいろな商品があります。オプションもそれぞれですから、一概にどれがいいとは言えません。ここでは、純粋に死亡したときの保険という観点で考えてみます。

○独身者の場合

親の老後を経済的にどうみていくか、という点を考慮する必要がありますが、それを考える必要がない場合、基本的に生命保険に加入する必要はないでしょう。営業の人から「早めに入ったほうが得」と言われても、**あてもなく保険料を払い続ける必要はない**と思います。

○既婚者の場合

・自分しか働いていない場合

生命保険の意味が最もあるのがこの場合です。遺族年金もありますので、死んだらまったく収入がなくなるというわけではありませんが、年金だけでは心もとないところです。子供がいる場合、教育費なども考える必要がありますので、一定の保障は確保したいところです。

・共働きの場合

共働きの場合、生命保険の必要性はぐっと下がります。

特に、相方も公務員の場合、もしあなたに万一のことがあった場合も、生活を維持していくことが可能であると考えていいと思います。ですから、生命保険に入る意味はかなり低いと言えます。もちろん、まさかの時にしっかり財産を残したいという人もいると思いますが、それは保険とはちょっと違う考え方になるでしょう。

共働きの場合でも、相方の給与があなたよりかなり低い場合、亡くなった後の生活が心配ですから、生命保険でカバーすべき要素もあると思います。その場合も、遺族年金や現在の貯金額などを考え併せて、適切なレベルの保険としたいところです。

▽公務員に独特の保険「公務員賠償保険」

世の中、思わぬことが起こり得ます。あってはならないことですが、人間ですから、ついうっかりということがあり得ますし、よかれと思ってしたことが、反発を受けてしまうこともないではありません。

悪意や重過失があった場合はともかく、公務上で行ったことについて公務員が直接訴えられることは、基本的にはありません。ですから、そんなにビクビクしながら公務に当たる必要はありませんが、職員個人が損害賠償責任を問われる可能性もなくはありません。また、業務中のトラブルが訴訟に発展することもあり得ます。

例えば、次のようなケースが考えられます。

・必要性が乏しい事業を実施し、自治体の財政を悪化させたとみなされた
・ある団体への補助金の支出が不適切であると指摘された
・住民への対応が悪く、精神的な苦痛を受けたと主張された
・個人情報を漏らしてしまい、損害を与えたとされた

公務員は、税金を使って、住民の情報を持ち、大きな責任を伴う仕事をしているため、どんなことも起こり得ると言っていいと思います。もし訴訟を提起されたら、弁護士等の争訟費用がかかりますし、敗訴ということになったら、多額の賠償金を払わなければならなくなることもあり得ます。そうした経済的損失を補填する保険が、「公務員賠償責任保険」です。

実際のところ、**普通に業務をしていて訴えられる可能性は、非常に低い**と思います。ですから、この保険に入っていない人も多いでしょう。特に、管理職でない職員にはあまり縁のない保険であると思います。

管理職になると「とりあえず」入っている人もいると思います。いわゆる**「御守り代わり」**というものです。保険料も年額数千円というものがほとんどですから、安心代といった感じで、入っているようです。

POINT

公務員同士の夫婦なら、生命保険に入る意味は薄い。

6 ▼ 入り過ぎていないか？医療保険のチェックポイント

▽医療保険見直しは家計診断の本丸

お金に関するテレビや雑誌の特集の定番として「家計診断」というものがあります。「将来、家を建てたいのだがどうしたらいいか」「これから子供の教育にお金がかかるのに貯金ができない」といった相談に対し、ファイナンシャル・プランナーなどの専門家が家計を分析し、支出を仕分けしていくという内容です。

専門家の指摘は、電気代のお得な節約法やカードの使い方など、微に入り細を穿っているのですが、金額的に大きな削減効果を生み出すのは、なんといっても保険の見直しです。生命保険はもちろんのこと、医療保険については、「一切入る必要がない」と言う人もいるほどです。

こうした意見を鵜呑みにするかどうかはともかく、これから医療保険に入る人は慎重に、すでに入っている人にとっては、見直しの要素が大きいとは言えるでしょう。

▽まずは共済組合保険の確認

国民皆保険制度の日本では、すべての国民が何らかの医療保険に入っています。病院にかかった場合などの自己負担は年齢によって多少異なりますが、基本は3割です。つまり、医療費に10,000円要したとすれば、3,000円の負担をすることになります。

風邪をひいたり、虫歯ができたりした場合の治療は、かかっても数万円という金額でしょうから、それで支払いに困るようなことはないと思います。問題は、医療費が高額になった場合にどうするかということでしょう。

要するに、重い病気にかかって入院することになり、毎月何十万円も医療費を払わなければならなくなった場合、どう対処するかということです。公務員の給与が安定しているとは言っても、さすがに何か月も数十万円を払うのはしんどいでしょう。

しかし、その心配には及びません。**医療保険には、高額療養費制度があり、月々の支払い額が限定されている**からです。高額療養費制度とは、医療機関や薬局の窓口で支払った額が、ひと月で所得ごとに定められた上限額を超えた場合に、その超えた金額を支給する制度です。
例えば、年収600万円の人のひと月の医療費の上限額は、
80，100円＋（医療費－267，000円）×1％
となります。
具体的に説明すると、100万円の医療費を要した場合、自己負担はその3割の30万円となりますが、実際の自己負担額は、
80，100円＋（100万円－267，000円）×1％＝87，430円
で済むということです。
これだけでも安心しますが、共済組合の場合はさらに「一部負担金払戻金」という独自の制度があります。これは、高額療養費が支給されても、なお残る自己負担額が1件につき25，000円（上位所得者の場合は50，000円）を超える場合は、その超えた額が一部負担金払戻金として措置されるというものです。
上記の場合で言えば、
87，430円－25，000円＝62，400円（100円未満切り捨て）
が支給され、最終的な自己負担は25，030円で収まることになります。この制度を使うような大病をしてしまっては実際の生活は大変でしょうが、**こと医療費だけに**

関しては、そこまでの負担ではないことがわかると思います。

▽それでも必要な医療保険とは

上記の共済組合による給付は、共済組合の掛金を払っているからこそ受けられる恩恵です。つまり、当然ながら、医療保険にはすでに入っているのです。**民間の医療保険に入るとすれば、これをさらに補完する必要がある場合のみ**と言えます。

「万一、ガンで入院して医療費が何十万円もかかったら、大変ですよね」といったセールストークに乗せられてはいけません。月の上限は25,000円なのですから。

それでも、「長期の入院になれば医療費以外もいろいろ必要になるのでそれに備えておきたい」「保険でカバーされない先進医療を受けることに備えておきたい」など、特別な理由がある人は、それに合う民間の医療保険を探せばよいでしょう。普通に考えれば、保険料に見合う給付を受けるケースは稀だと思いますが、保険には実質的なメリットのほかに安心料という意味もあるため、そこは各自の判断になります。

POINT

公務員はよほどの理由がない限り、民間の医療保険に入る必要性は低い。

7 ▼子供の教育にはいくらかかる？

▽「子育てにはお金がかかる」って本当？

「子育てにはお金がかかる」という認識が広がっています。

子供が生まれてから大学卒業までの養育費と教育費を合わせると、3,000万円くらいかかるなどという試算も示されていて、これを見ると、「とてもそんなお金はない」と思う人も少なくないでしょう。しかし、日本がもっと貧しい時代にも子供は元気に育っていましたし、今の世の中でも、特別高給取りでなくても多くの子供を育てている家庭がたくさんあります。昔と比べて、いろいろな制度も充実していますから、「お金がないから子供をつくれない」と思い詰める必要はないはずです。きっとなんとかなります。公務員ならなおさらです。

ですから、「子育てにはお金がかかる」ではなく、「子育てにお金をかけるかどうか」という問題だと思います。**愛情を注ぐのは当然のこととして、お金をかけるかどうかは、それぞれの子育ての価値観によるでしょう。**

▽進路によっては教育費に大きな差が生まれる

ただし、子供の進路によっては、教育費に大きな差が生じることは抑えておいたほうがいいでしょう。恐れることはありませんが、備えておく必要はあります。

文部科学省による「平成28年度子供の学習費調査」によれば、幼稚園から高校卒業まですべて公立だった場合の学習費が約540万円であるのに対し、すべて私立だった場合は約1,770万円になるとされています。その差は1,230万円。子供が二人いるとすれば、2,500万円もの差になります。

高校はともかく、幼稚園から中学校までの間に私立を選ぶということは、あえてそういう選択をされているのだと思いますから、お金がどうこうという問題とは少し違うでしょうが、私立と公立ではこのくらいの差が生まれるということを知っておきましょう。

教育費に大きな差が生まれるのは、高校の先、大学教育においてです。

政策金融公庫による「教育費負担の実態調査結果」によれば、入学先別にみた卒業までに必要な入在学費用は以下のとおりです。

国公立大学　約500万円
私立大学文系　約740万円
私立大学理系　約800万円

小学校から高校までは、塾などの補助学習費にお金がかかる傾向があり、こちらなら節約することも可能ですが、大学の入在学費用は、このまま支払う必要がありま す。私立の医学部に進学となると、さらに大きな金額がかかります。親元を離れることになれば、仕送り代も出てくるでしょう。

大学生になれば、アルバイトなどである程度子供にも稼いでもらうということも考えられますが、最初からそれを当てにするのもちょっと残念な気がします。**子供に好きな進路を選ばせるためには、そのための備えが求められる**ということになります。

POINT

お金をかけなくても子育てはできる。ただし、大学進学費用の準備は必要。

8 ▼ 教育資金の備え方

▽特別な備えが必要？

教育資金に特別な備えが必要でしょうか？

育て方によりますからなんとも言えませんが、公務員の給与があれば、公立学校を前提としているのなら、特別な備えをしなくてもなんとかなるでしょう。先を見越して、計画的に貯金してあれば、それで十分だと思います。もし公務員の共働きなら、私立の医学部など特別な場合を除いて、怖いものなしです。

しかし、「片働きで住宅ローンを抱えている」「子だくさん」「特色のある教育を受けさせたい」など、個々の事情によっては、教育費の備えを工夫する必要が出てくるかもしれません。

▽王道　学資保険

教育費について備える際の王道と言っていい存在が、学資保険だと思います。学資保険とは、子供の教育資金の確保を目的とした保険のことで、祝い金や満期学資金として、契約時に決めた子供の年齢に合わせた給付金を受け取ることができます。

例えば、受取額資金総額を200万円とし、保険料払込期間を10年と設定すると、毎月約15，000円を積み立てることになります。10年後の払込総額は186万円くらいになり、運用益を合わせて約200万円を満期時に受け取ります。

払込期間を大学進学時期に合わせて18年と設定すると、月の積立額は8，500円ほどになります。

毎月コツコツ貯めていけますし、もしもの場合の援助措置もあり、教育資金の確保策として定番の存在です。ただし、今は利率はあまり高くありませんし、長期間にわたって資金が固定されてしまうというデメリットもあります。

学資保険については、毎月積立型の定期預金といった感覚で捉えればいいと思います。利回りは非常に低いので、もっと効率的に増やせる自信のある人には向いていないかもしれません。

▽教育ローンは避けられるものなら

子供の進学の際、受験料や入学金、授業料など、一度に大きな支払いが必要となり、それが手持ちの資金で賄えない場合、教育ローンを活用することが考えられます。

教育ローンは、日本政策金融公庫によるいわゆる「国の教育ローン」と、銀行などの民間金融機関が行う「民間の教育ローン」とに分かれます。国の制度のほうが利率の点では有利ですが、借り入れられる上限額が低く抑えられている、年収に上限があるといった制約もあります。

大きな額の教育費が必要になるのは一時的なので、ローンで賄うという発想はありだと思います。しかし、事前に積み立てておけば多少の利回りも得ながら対応できるのに対し、ローンだと逆に利息を払うことになります。**進学は、怪我や病気のように突発的なことではないため、できれば教育ローンを使わず乗り切りたい**ところです。

▽子や孫への一括贈与

2015年の相続税増税に伴って相続税への対応が求められる世帯が増えているなか、「子や孫への教育資金の一括贈与制度」が注目されています。

これは、子や孫へ教育資金を贈与する場合、1，500万円までなら非課税となる制度のことです。**実際にこれを活用しているのは、主に祖父母が孫に向けてというケースがほとんど**のようです。親が子に教育資金を必要な都度支出する場合、特に税金が発生することがないため、この制度を活用する意味が薄いからです。

「教育資金の一括贈与制度」には、①贈与税がかからない、②元気なうちに財産を渡せる、といったメリットがあります。

一方で、①教育資金に充てたかどうかを証明する領収書を提出するなどの手続きが面倒、②受贈者が30歳になるまで使い切らなければ贈与税が課税される、といったデメリットもあります。

おじいちゃん、おばあちゃんから一括贈与がもらえれば、家計的には助かることは間違いありませんが、当てにするようなものではないのは言うまでもありません。また、現段階では、2019年3月31日までの暫定措置となっています。

POINT

教育支出に備えるためには学資保険が定番だが、妙味はない。

9 ▼ 再任用&65歳定年延長、いつまで働き続けるか？

▽生き方を問われる質問

いつまで働き続けるのか？

それは、年齢を重ねるほど、グサッとくる質問です。特に公務員の場合、リストラの心配はほとんどなく、退職年齢を自分で決められる要素が大きいため、生き方を問われているようでもあります。お金がないから働くしかないとか、ほかにすることがないからとりあえず働く、では寂しい感じがします。働きたいから働く、求められているから働く、やりたい仕事だから働き続ける、ということでありたいものです。

理想の社会は、働きたいと思う人がいれば、何歳になっても受け入れるというものだと思いますが、現在の日本には定年というものがあります。ですから、働きたいと思っていても、一定の年齢になったら強制的に辞めさせられます。海外では、定年制が禁止されている国もあるようですし、平均寿命が延びていく一方で働き手が減っていくという状況から考えると、これからの社会の流れは定年制廃止かもしれません。

▽制度上は、いつまで働ける？

現段階では、役所をはじめ多くの企業・団体において、60歳定年が一般的です。

一方、年金の支給開始時期については段階的に引き上げられており、65歳にならないと年金がもらえないという層が増えていきます。そこで、「高年齢者が少なくとも年金受給開始年齢までは意欲と能力に応じて働き続けられる環境の整備を目的」として、「高年齢者等の雇用の安定等に関する法律」では、65歳以下の年齢を定年としている企業に対し、定年について以下のように取り扱うよう求めています。

①当該定年の引上げ
②継続雇用制度の導入
③当該定年の定めの廃止

このように選択肢は3つありますが、実際には、再雇用を選択する企業が大半のようです。公務員もこれに準じた取り扱いとして、再任用制度を取り入れています。再任用制度は、当初は希望を受けて選考するという形で始まりましたが、現在では原則として希望すれば全員が再任用されることになっています。

つまり、**給与や働き方は変わりますが、希望すれば年金がもらえるようになるまでは働ける**ということになります。

▽定年が延長される？

報道によれば、政府は、国家公務員と地方公務員の定年を65歳に延長する検討に入ったとのことです。開始時期は、２０２１年度から段階的に引き上げる案を軸にするとされています。

ただし、単純に定年を延長するだけだと人件費が膨張することになるため、中高年層の給与水準を低く抑える方法が併せて検討されているとのことです。

内容はこれから固まっていくことと思いますし、公務員が先行することへの疑念もあるでしょうが、**定年延長の大きな流れは止まらない**でしょう。

国によっては、年金の支給開始年齢を65歳以上に引き上げているところもありますから、日本も同様の動きが生じる可能性があります。となると、定年年齢も65歳が上限ではなく、さらに引き上げられる可能性もあります。

▽いつまで働いたほうが得？

お金の損得だけを考えれば、働けるだけ働いたほうが得です。60歳で定年になって仕事を辞めて、65歳から年金を受給し始めたとすると、この間の収入はなく、貯金を取り崩していくことになるでしょう。

一方、65歳まで働いたとすれば、この間に相当額の給与を得ることができますから、老後の貯えにも大きく貢献します。しかし、すでに述べたとおり、いつまで働くかは生き方を考えることです。60歳で仕事を辞め、元気なうちに各地を旅行したい人や、ボランティアに励みたい人、ひょっとしたら起業を考えている人もいるかもしれません。そうした人にとって、この5年間は貴重です。

そうは言いながら、先立つものがなければそうした判断もできませんから、**60歳に向けてしっかり準備をしておくことが、自由な選択をするための前提**になります。

POINT

いつまで働くか、自由に決められるようにしっかり備えたい。

10 ▼公務員の年金はどうなっている？

▽年金は一元化された

２０１５年10月、いわゆる「被用者年金一元化法」が施行され、被用者の年金制度が厚生年金に統一されました。

それまで、被用者、つまり働いている人の年金のいわゆる２階部分は、次の４つに分かれていました。

①会社員が加入する「厚生年金」
②国家公務員が加入する「国家公務員共済年金」
③地方公務員が加入する「地方公務員共済年金」
④私立学校の教職員が加入する「私立学校教職員共済年金」

年金一元化の目的としては、

・年金財政の範囲を拡大して制度の安定性を高める
・年金制度の公平性を確保し、公的年金に対する国民の信頼を高める
といったことが挙げられています。

▽一元化は公務員にとって有利？　不利？

年金一元化の目的は、右に書いたように制度の安定性・公平性を高めるためのものです。確かにバラバラな制度ではわかりにくいですし、大きな制度としたほうが、お互いが補完し合える要素はあるでしょう。

一方、制度が統一されるということは、異なって運用されていた仕組みが揃えられるということであり、結果として有利になる、不利になるということがあるはずです。厚生年金制度に統一されることになるため、もともと会社員だった人にとっては、変更はありません。となると、公務員側がどうなったのか、ということになります。

結論から言えば、**公務員にとっては、優遇措置がなくなることから、不利な改正だったと言っていい**と思います。別々の制度だったため、いろいろな変更点がありますが、特に以下の2点は大きな変更点です。

○保険料の統一

それまで、共済年金のほうが保険料率が低い状態でしたが、段階的に引き上げられ、公務員共済は平成30年に厚生年金の保険料率に統一されます。

○職域加算の廃止

共済年金にあった職域加算（3階建て部分）が廃止されます。ただし経過措置があり、直ちになくなるわけではありません。

こうして見ると、年金一元化は公務員にとって割に合わないものに思えます。しかし、雇用が守られ、給与についても一定額以上が保証されている公務員が、年金でも優遇されているのは、そもそもおかしな話でしょう。個人としては、保険料が減り、もらえる額が減ってしまうのは痛手ですが、正しい方向性だったと思います。

POINT

公務員の年金は厚生年金に一元化された。

11 ▼ 大きく下がった退職金

▽「駆け込み退職」騒動を覚えていますか？

２０１３年の冬、地方公務員の「駆け込み退職」が問題となりました。

例えば埼玉県では、３月末で定年退職を迎える教員１００人以上が１月末での退職を申し出ていたようです。１月末で退職すると、当然３学期の授業に影響が出ますし、卒業式にも参加しないことになります。これには、批判的な意見を持たれる人も多く、当時の日本経済新聞の記事によれば、上田知事も「２か月残して辞めるのは無責任とのそしりを受けてもやむを得ない」と不快感を示されたとのことです。

では、なぜこんなことが起こったかというと、国家公務員の退職手当減額に伴い、埼玉県でも年度内での退職手当の引き下げを実施することにしたためです。これによって、「引き下げ前に辞めたほうが得」ということでバタバタ退職されることになってしまったのです。具体的には、同じく日本経済新聞の記事によれば、勤続35年以上の教員が3月末に退職した場合、手当は現行より約150万円少なくなる、とのことでした。

「生徒より目の前のお金が大事なのか」との批判の声が強く上がりましたが、一方で、先生にも生活があり、こうした制度設計をした側に問題があるとの意見もありました。

▽公務員の退職金は下げ続けられている

2013年以降、駆け込み退職といった問題は報じられていません。では、公務員の退職金の引き下げは一段落したのでしょうか？

そうではありません。公務員の退職金の見直しは、概ね5年ごとに実施される人事院の調査を受けて行われるものであり、ここ数年はその谷間にいただけなのです。

人事院は2017年4月、2015年度の官民の退職給付を比較し、国家公務員が民間を3・08％上回ったとの結果を公表し、政府に見直しを求めました。これを受けて政府では、国家公務員の退職手当を3・37％削減する方針として、関係法案の提出を行うとしています。**地方公務員もこれに従うことになる**でしょう。

【退職金の官民比較】

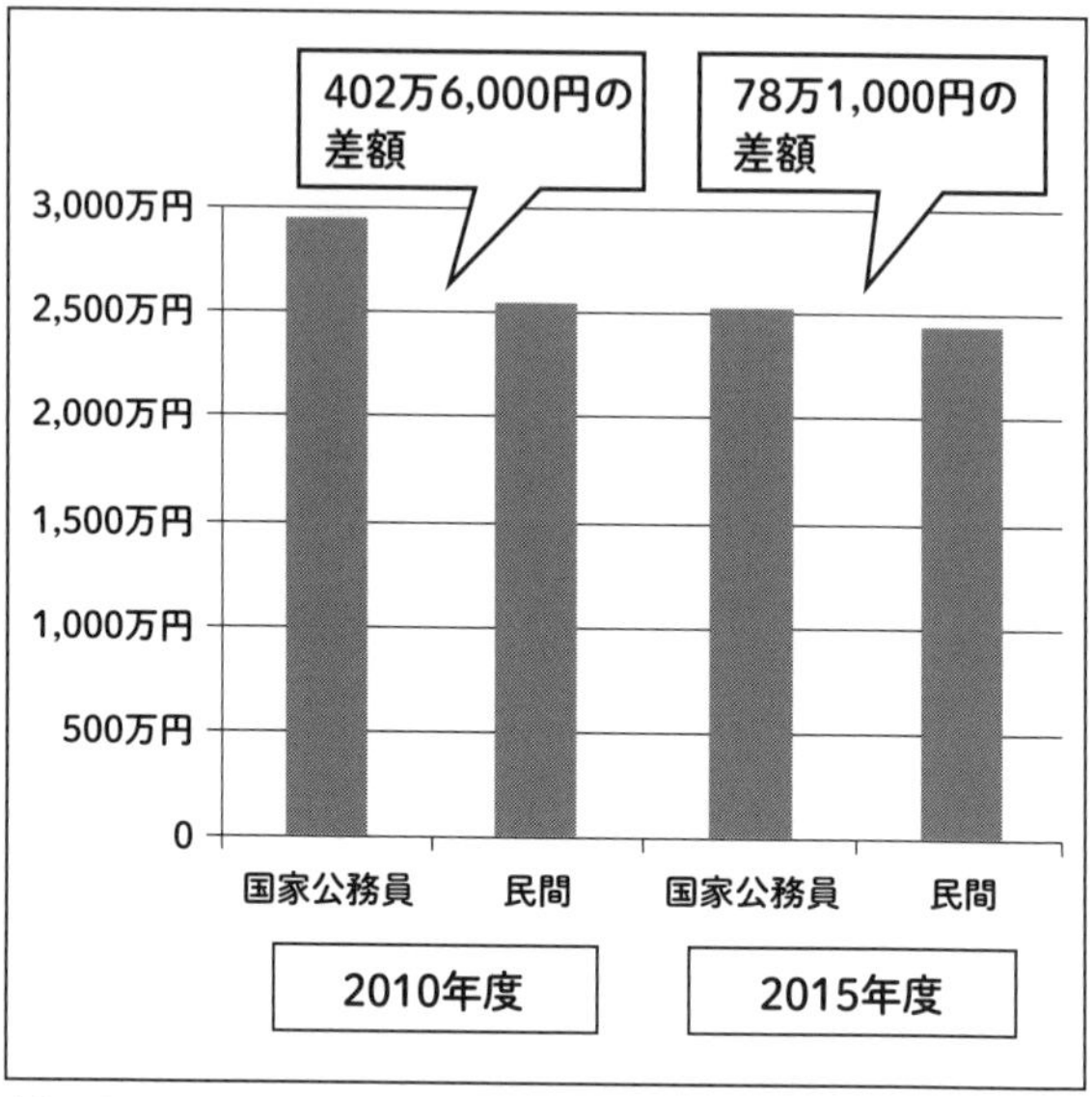

〔出所〕人事院資料をもとに作成

2回続けての見直しですが、前回の削減率が14・9%だったのに対し、今度は3・37%と小規模であることから、再度の駆け込み退職はなさそうです。

それにしても、**直近2回の見直しを合計すると、約500万円も退職金が下がる**ことになります。仕方がないことですが、さすがに応えるなあ、と思う人は少なくないでしょう。

POINT

公務員の退職金は、近年大幅に下げられている。

12 「公務員＝老後も安泰」という方程式の崩壊

▽公務員の特典の消滅

ひょっとしたら、ひと昔かふた昔前には、「公務員なら老後は安泰」という時代があったのかもしれません。退職金はしっかりもらえるし、年金も優遇されていましたから、大過なく勤め上げればまずまず何とか暮らせたのでしょう。

さらに、国家公務員なら、天下りか、若しくはそれに近い形で、退職後の職場も用意されていたのかもしれません。第三セクターがたくさんあった時代は、地方公務員の退職後の就職先もかなり確保されていたのでしょうか。

しかし、「公務員なら老後は安泰」という時代は終わりました。退職金は大幅に減額され、民間企業並みに近づけられています。年金は一元化されました。退職後の行き先が決まっているという時代でもありません。

こうした変化は、公務員にとっては厳しいことかもしれませんが、当然の流れと言えるでしょう。現役の公務員は、しっかりとした身分保障と、安定した給与に守られています。さらに退職後も優遇しては不公平でしょう。

▽それでもまだ恵まれている

老後の「特典」と言えるような制度はなくなりましたが、それでもやはり公務員は恵まれています。退職金が減らされたとはいえ、そもそも退職金制度がないという中小の会社も多いということにも思いを馳せたいものです。年金も一元化されましたが、民間企業と比べて不利になったわけではありません。

現役時代には、きちんきちんと毎月給与がもらえますし、ボーナスも大企業並みです。また、公務員の社会的信用性から、ローンが組みやすいというのも大きなメリットです。普通に備えていれば、老後を恐れることはありません。

▽自分に合わせた準備は必要

要は、一人ひとりが自分の資産をどうするかということを考えなければならない時代になった、ということだと思います。**公務員のレールに乗っかっていれば万事ＯＫ**

ではなくなったということです。

きょうだいが何人かいて、30歳くらいには結婚して、子供を二人ぐらいつくって、定年後は年金で暮らして、75歳くらいで一生を終えるという典型的な人生は、もうありません。一人っ子で親の面倒を看なければならない人、結婚しない人、子供をつくらない人などなど、それぞれです。

間違いなくいいことですが、寿命が延びたこともしっかり考えておかなければなりません。

お金や老後のことばかりを考えて暮らすのはつまりませんが、**「なんとかなる」だけでなんとかなるものではない**ことは知っておく必要がありそうです。

POINT

ちゃんと備えれば老後も安心。ちゃんと備えれば。

COLUMN 3

プラン通りに行く人生なんかないけれど

資産運用についての本を読むと、必ずと言っていいくらい勧められているのが、ライフイベント表の作成です。ライフイベント表とは、何歳に何して、あれやってこれやって……という予定表のことで、「その計画に沿って、必要な資金を貯めていきましょうね」ということになります。

備えあれば患いなし、とも言いますし、何にどれだけかかるのかわかっていなければ、お金を貯めると言っても目途が立ちませんから、そうした予定表を組んでおけば、それに向けていろいろな準備ができそうです。特に、住宅資金や子供の教育資金などは、計画的に積み立てておく必要があり、そのためにはいつからどんな準備を始めなければならないと、さかのぼって対策を考えることができます。

その意味はわかりつつ、私などは、「それにしても……」と思ってしまいます。自分の人生を予定表に落とし込むことに、どうも違和感を覚えるのです。例えば結婚は、「何歳までにしよう」と計画するものではなく、出会いによっては極端な話、来週にでも式を挙げてしまっていいもののように思います。

二人で暮らし始めて、ふと思い立って家を買おうとしてみたり、自然に時期がきて子供が欲しくなったり、そういうものでありたい気がします。

「いついつまでにアレをしなきゃいけないから、そのためにはお金を貯めなきゃ」とプランに追われる人生が豊かなものには思えません。

この本は資産運用についての本ですし、公務員の環境も厳しくなっていますから、行き当たりばったりがいいとは思いませんが、プランにはめていくのもなんだかしっくりこないのが本音です。

CHAPTER

4

公務員のための資産運用の基礎知識

1 ▼ 資産運用は胡散臭い？

▽なんだか胡散臭い「資産運用」という言葉

どこからか名簿が漏れるのか、たまに職場に投資を勧誘する電話がかかってきます。こちらの名前を指定してくるので、受けた職員も取り次がざるを得ません。

「林様、マンション投資に関心はありませんか？」「公務員様向けに、新しい投資の提案をさせていただいております」といった感じです。

もちろん、業務中にそのような電話の対応はできないので丁重にお断りするのですが、なかなか切らせようとしないしぶとい人もいて閉口させられます。

そうした勧誘電話の中には、「資産運用にご興味はございませんか？」というものもあります。「ありません」とそっけなく答えても、「そうした方にこそ、おすすめの商品がございます」と返ってきます。

「運用するにも、そもそも資産がない」などと答えてしまうと、待ってましたとばかりに「皆さん、そうおっしゃいます。そういう方にこそお勧めしております」などと返されてしまいます。

先方もお仕事なのでしょうが、こうした勧誘が資産運用を一層、「なにやら胡散臭いもの」にしている気はします。

エビやら和牛やらを使った詐欺もあるようですし、資産運用と言われても、触らぬ神に祟りなし、という気分にもなろうというものです。

▽資産運用は、「しなければならない」ものではないけれど

職場にかかってくる勧誘の電話はともかく、「資産運用と言われても、何のためにそんなことをしなければならないのか」「毎月、貯金するのもやっとなのに、運用できる資産なんかない」といった感想を、多くの方がお持ちだと思います。

私は、勧誘業者ではないので、もちろん無理強いはしませんし、食い下がりもしません。それぞれの考え方であろうと思います。**もともと資産運用は「しなければならない」ものでもありません。けれども、「したほうがいいもの」ではあるでしょう。**

自分や家族の将来に備えるために、人生をちょっと豊かにするために、お金を通じ

て世の中とつながっていくために、資産運用は有効な手段だと思います。

「資産運用は怖い」と思っているのであれば、心配し過ぎです。一獲千金を狙わなければ、コツコツ増やしていく方法はあります。

「運用できる資産はない」と思っているのであれば、資産運用を大袈裟に捉え過ぎです。何百万もの元手がないと無理と感じているのかもしれませんが、まったくそんなことはありません。数千円からの資産運用もあり得ます。このくらいの額なら、1回の飲み会代と大して変わりませんから、無理なくできるのではないでしょうか。

肩ひじ張らず、楽しんでみる気持ちで、最初の一歩を踏み出してみてはいかがでしょうか。勧誘に引っ張られるのではなく、自分の意志で。

POINT

資産運用は自分の意志で最初の一歩を踏み出す。

2 ▼ 資産運用のためのいろいろな仕組みを知っておこう

▽資産運用の方法はたくさんある

資産運用というと「株式投資」と直感的に結び付ける人もいるかもしれませんが、実際には非常に多くの種類があります。具体的には、以下のような投資手法が挙げられます。

○預金（貯金）による資産運用

・普通預金
・定期預金
・積立定期預金
・その他（貯蓄預金、大口定期預金など）

○投資による資産運用

・株式投資
・投資信託
・外貨預金
・外国為替証拠金取引（ＦＸ）
・債券（国債、社債）投資
・不動産投資
・金投資

細かく分類すれば、まだまだいろいろあると思います。しかし、私たちにとって資産運用は仕事ではありませんし、ファイナンシャル・プランナーでもないのですから、１つひとつの仕組みを細かく理解する必要はないでしょう。ただし、自分に合わせた方法を選ぶためには、それぞれの概略は把握しておきたいところです。

▽預金と投資、投資と投機

「預金」とは、その名のとおり銀行にお金を預けることです。ほとんどの人は、給与は口座振込だと思いますし、預金をしたことがないという人もいないでしょう。ちなみに、ゆうちょ銀行にお金を預ける場合は「貯金」と言います。

「投資」についての定義は、捉え方によって微妙に異なりますが、簡潔にまとめれば、「収益を期待して、資本にお金を投じること」となるでしょうか。資産運用における資本とは、株式であったり債券であったりすることになります。

では、「投機」とはなんでしょう。収益を期待する点は投資と同じですが、投機のほうが危ない感じがすると思います。定義すると、こちらも捉え方によって異なりますが、「相場の変動を利用して短期的に利益を得ようとする取引」となるでしょうか。つまり、文字通り、投資は資本に投じ、投機は機会に投じる、という違いがあります。

私たちが考えるべき資産運用は長期戦です。機会を捉えて資金を投じることを否定はしませんが、基本的には貯金と投資の併用で考えていくべきでしょう。**一気に増やすのではなく、時間を味方にしてコツコツ貯めていくのが資産運用の王道**です。

▽リスクの意味とリターンとの関係を知っておこう

リスクというと、「危険」「危険性」といった意味で使われることが少なくありません。確かに、「敵のアジトに一人で乗り込むのはリスクが高い」という使い方をする場合、危険という訳がぴったりかもしれません。

しかし、**投資の世界においては、リスクを「危険」と考えるべきではありません。**一般には「不確実性」という表現が当てられているようです。例えば、「海外の新興企業の株への投資は、リスクが高い」といった場合、危険があるという意味ではなく、得られるリターンの不確実性が高い、と考えるべきです。

「危険」と「不確実性」は、似ているようで、根本的な意味が違いますので、しっかり押さえておきたいところです。「危険」と捉えてしまうと、避けることが合理的ですが、「不確実性」と捉えると、上手にコントロールすることが主眼になります。

そして、リスクが高い商品には、高いリターンが要求されます。いわゆるハイリスク・ハイリターンです。反対に、リスクが低い商品からは、それほどのリターンは期待できません。高いリターンを求めるか、確実性を優先するか、資産状況や年齢などに合わせて、組み合わせを考えていく必要があります。

POINT

使える武器の概要を知っておく。

3 ▼ 資産運用でできることには限界がある

▽資産運用は大儲けを狙うものではない

テレビや雑誌などのメディアにいろいろな投資の成功者が登場し、優雅な暮らしを公開しています。大豪邸に住んでいたり、世界一周旅行に出かけたりと、うらやましい限りです。

そして、こうした人たちが、儲けのノウハウを本にしていることも少なくありません。曰く、「私はこうして株式投資で『億り人』になった」（株式投資で資産を1億円以上にした人のことを「億り人」と呼ぶようです）「FXなら、素人でも絶対勝てる」といった感じです。

そうした方も実際にいるのでしょうが、おそらくかなりの少数派だと思います。現実的には、コツコツ増やしていくことを考えるべきでしょう。常識的に考えてみても、かなり株価が上昇したように見える２０１７年の相場でも、日経平均で年間20％程度の上昇率です。また、ＦＸについては一方が上がれば一方が下がっているわけですから、必ず勝てるはずもありません。

　地道にコツコツばかりを考えていてもつまりませんから、資産運用で夢を見るのは悪くないと思います。「うまくいったらああしよう、こうしよう」などと夢想する時間は楽しいものです。

　しかし、地に足をつけて、資産運用でできる範囲を見定めておくことも大切です。例えば、**現在の利率では、どんなにお金を積み上げても、利息を当てにした資産運用は現実的ではありません。**株式投資においては、どうしても上がったり下がったりしますから、コンスタントにプラスを計上し続けることは難しいでしょう。

　結果として、１％の運用益を上げたとします。これでも銀行の利率０・００１％に比べれば１，０００倍にもなる大成果です。ただ１％では、５００万円を資産運用に活用しているとすると、年間５万円にしかなりません。５万円でもありがたいことに変わりはありませんが、これでは教育や老後の備えとしては心許ないものがあります。

　かといって、10％、20％の運用益を狙えるような金融商品は、あっという間に投資額を失ってしまう恐れがあります。

▽地味だが効果の高い家計の見直し

年間5万円なら、生活の見直しで対応できそうです。5万円ということは、ひと月にならせば約4，000円です。お酒を飲む人なら1回の飲み会代、たばこを吸う人なら10箱分、我慢すればなんとかいけます。定番の保険や携帯の見直しでも生み出せそうです。

投資で得た5万円のほうが、なんとなく得した気がするかもしれませんが、投資からの5万円も、節約でひねり出した5万円も、同じ5万円に変わりはありません。どちらかに頼るのではなく、セットで取り組んでいくべきものでしょう。

節約節約でギスギスした暮らしになってしまっては心豊かに過ごせませんし、長続きもしないでしょう。投資同様、家計の見直しも無理のない範囲で楽しみながら進めたいところです。

POINT

資産運用は大儲けを狙わず、コツコツ楽しみながら。

4 ▼自分の資産をどうしたいか考えることが先決

▽資産運用のPDCA

役所に勤めている人にとって、「PDCAサイクル」はおなじみのフレーズでしょう。まずはしっかりとしたプランを立て（P：Plan）、きちんと実行し（D：Do）、それをチェックした後（C：Check）、次の行動につなげる（A：Action）、というアレです。

よく、「役所は計画は散々作るけれど、その後のチェックが甘い」と批判されることがあります。確かに、計画の進行管理が不十分だったり、逆に闇雲に計画通りに進めようとしていたりすることがあるように思います。

ですから、反省すべき点は多々ありますが、計画を立てることとの重要性は変わりません。**「何をどうしたいのか」という将来像が描かれていなければ、効果的な手立て**

を打つことはできないからです。闇雲に手数を出しても、それがちぐはぐに行われていては、効果は半減してしまいます。

しっかりしたプランを立てず、何となく資産運用を実行してしまっては、きちんとしたチェックもできませんし、十分な成果も得られず、その後の改善にもつながらないでしょう。

▽何を目指すのか、そのためにどんな資産運用をするのか

はじめに考えるべきは、資産運用で何を目指すのかということです。

もし、すでに十分な貯蓄があり、これからの出費に対応する見込みも立っているのだとすれば、あえて資産運用を始める必要はないでしょう。その貯蓄を守ることに専念すればいいと思います。

今後の教育費や老後の備えとして、今のままでは心配だという場合は、資産運用を考えましょう。その際にも、ざっくりで構わないので、**いくらくらい不足する可能性があり、それを補うためには資産運用でどのくらい稼ぐことを目指す必要があるのか**は押さえておきたいところです。

それが決まらないままでは、どの手法で資産運用を行うべきかが固まってきません。

▽「どうしたいか」によって資産運用の手法も変わる

とりあえず、先行きに不安はないけれど、ゆとりもできてきたので、少しでも増やしておきたいというのなら、貯金や国債が有力になるでしょう。

老後が心配というのなら、年金を増やす算段をしたほうがいいかもしれません。

子供の教育費や住宅など、一時的に必要になる資金を手当てするためには、積立型の貯金がふさわしいでしょうか。

余裕資金なので、減ってしまう可能性があっても大きく増やすことを狙いたいというのなら、株式投資などが有力な選択肢になります。

周りに流されたり、金融機関の営業トークを鵜呑みにしたりしてなんとなく資産運用を始めるのは避けましょう。**後悔しないためにも、自分自身で考えることが重要**です。自分だけのものではない、大切なお金なのですから。

POINT

自分の資産で何をしたいか、自分の頭で考える。

5 明るく楽しく家計の見直し

▽何をするにも、明るく楽しく

1990年代、各地の会場を満員にしていた、ジャイアント馬場さんが率いる全日本プロレスのキャッチフレーズは、「明るく楽しく激しいプロレス」でした。プロレスも格闘技の1つなので、激しく、しんどそうな試合があることは当然ですが、それだけではなく、「見ていて明るく楽しい気持ちになれる試合も提供します」ということを言っています。

なんでもそうだと思います。私を含めて、公務員には、とかくきっちりとやりたがる傾向があり、楽しんでいると遊んでいるように誤解されることがありますが、楽しくないことは続きません。明るく向き合わないと楽しくなりません。

家計の見直しも、そうしたスタンスで行きましょう。現状を見極めるためにも、投資に振り向けられる金額を導き出すためにも、家計をおさらいすることは大切ですが、「あといくら切り詰めなきゃ」「これとこれは無駄だから、我慢しなきゃ」などと自分を追い詰めたら、どんどん暗くなってしまいます。

それに、あまり細かくやり過ぎるのもどうかと思います。いわゆる「節約本」では、レシートを保管しておいて、家計簿をつけることが求められていたりするのですが、それは想像するだけでも大変な手間ですし、続けられるとも思えないからです。

▽家計簿は大まかな傾向をつかむくらいのイメージで

ですから、家計簿も、大まかでいいと思います。大切なのは全体の傾向をつかむことであり、1円の行方を追いかけることではありません。

例えば、次頁の表のような具合です。これも、そこまで厳密に考えることはありません。家賃や通信費や保険料などは、いくら払ったかはっきりしているでしょうが、その他は大体でいいでしょう。

正直なところ、これでも毎月つけるのは面倒かもしれません。続けたほうが推移がわかりますが、いやいや続けるよりは気が向いたときにやる程度でいいかもしれません。**あくまでも目的は、1円の節約ではなく傾向をつかむこと**です。

【家計簿の例】

収入の部		支出の部	
手取り給料	250,000円	家賃	75,000円
		光熱水費	15,000円
		食費	50,000円
		通信費	15,000円
		保険料	15,000円
		被服費	10,000円
		交際費	10,000円
		娯楽費	10,000円
		雑費	10,000円
		その他	20,000円
計	250,000円	計	230,000円

・共働きの場合、2行目にもう1人分の収入を書きます。
・株の配当など、その他の収入は、1年分まとめて把握します。

家計簿をつけてみて、思っているとおりの貯金ができていれば、とりあえずほくそ笑んで、そのままの生活を続ければいいでしょう。逆に、**思うような貯金ができていなかったり、収入を上回る支出をしてしまっていたりする場合は、見直しが必要**です。

▽負債の削減も無理のない範囲で

家計簿をつけると、ローンの支払いが家計を圧迫していることに気づくかもしれません。食費や娯楽費などは、工夫すればなんとかなりますが、ローンは決まった額を払うしかありませんから。

そこで、月々の返済額の圧縮を図るために、ローンの繰り上げ返済を考える人もいると思います。確かに余裕資金がある場合には効果的ですが、手元の現金がなくなってしまうというデメリットがあることもよく考えておきましょう。何かあったときに身動きが取れなくなって、別の借金をするようになっては元も子もありません。

負債の削減も、「無理をしない」ということが大切です。人生を楽しむための資産運用ですから、お金に振り回されては本末転倒です。

POINT

肩の力を抜いて家計のチェック。

6 家計のバランスシートを作るといろいろ見えてくる

▽バランスシートって何？

家計簿に続いてバランスシート。

直感的に「面倒臭そう」と思われる人もいるでしょうし、「家に帰ってまで仕事みたいなことをしたくない」という人もいるかもしれませんが、これは家計簿以上に簡単なので、ぜひ一度作ってみてください。いろいろなものが見えてくると思います。

その前に、まずバランスシートとは何かということをおさらいします。

バランスシートとは、一定時点における企業や団体の財政状態を示す財務書類のことで、**「資産」と「負債」「資本」を対照表示することによって、財政状態を明らかにする**ことを目的とします。日本語では貸借対照表と言いますが、あまりピンときません。

左側が資産であり、右側が負債と資本の合計です。左と右の合計が必ずイコールになることから、バランスシートと呼ばれています。左と右がイコールになるのはもちろん偶然ではなく、右側が資金の調達を示し（借金したとか、株式を発行したとか）、左側がその資金で何をしたかを示していますので、必然的に同じ額になるのです。

▽簡易に作る家計版バランスシート

本来なら、日々の収入や支出をきちんと仕分けして記録しておかないと、積み上げた形でのバランスシートはできないということになります。しかし、家計でそんなことをしたら手間がかかって仕方がないですし、労力に見合う効果もないでしょう。家計簿同様、ごく簡易的なバランスシートで十分だと思いますので、その作り方をご説明します。

まず、左側の「資産の部」についてです。

はじめにくるのは、現金・預金です。家に多額の現金を置いている人はあまりいないでしょうから、通帳の残高を記入すればいいと思います。複数の口座を持っている人は、当然すべて計上します。**普通預金、定期預金などと区分したほうが、傾向がよくわかります。**

【家計版バランスシートの例】

資産		負債	
現金	100,000円	住宅ローン	30,000,000円
普通預金	3,000,000円	自動車ローン	920,000円
定期預金	2,000,000円	教育ローン	0円
株式	0円	クレジット未払金	100,000円
投資信託	0円		
債券	0円		
不動産（建物）	10,000,000円		
不動産（土地）	20,000,000円		
自動車	1,400,000円		
その他	100,000円		
資産合計	36,600,000円	負債合計	31,020,000円

続いて、いわゆる有価証券です。株式や投資信託、国債など種類はいろいろありますが、持っているものを時価評価で記入します。

最後に目に見える資産となります。主には住宅と自動車ということになると思います。住宅については、土地と建物に区分します。購入時点の金額ではなく、現時点での評価額を記入することになりますが、それをきちんと調べるのは面倒でしょう。ですから、大体でいいと思います。ただし、過大に評価するよりは過少に書いておきましょう。車についても同様に現時点での売却見込み額を書きます。こちらは比較的簡単に調べられるかもしれません。減価償却という考え方を取り入れて、10年間で価値がゼロになるように減らしていってもいいでしょう。例えば、200万円で買った車なら、翌年は180万円、その翌年は160万円として、10年後には0とするといった感じです。

自宅も車も持っていない人も少なくないと思いますが、バランスシートは大きければ大きいほどいいというわけではないのでご安心ください。厳密に言えば、貯蓄型の保険や宝石などのもろもろも資産として計上すべきなのでしょうが、正確性を期することが目的ではないので、無理に網羅しなくてもいいと思います。

次に、右側の「負債の部」です。家計では、借りている額について書けばいいので、こちらは比較的わかりやすいのではないでしょうか。考えられるのは、住宅ローン、自動車ローン、教育ローンなどで、これらの残額を記入します。

そうすると、例えば前頁のようなバランスシートができあがります。資産合計と負債合計の差、この場合で言えば約560万円が自己資産ということになります。

▽もうひと押し

通常、家計のバランスシートというと、これで完成です。資産と負債が一覧できますので、「ふうん」とは思います。しかし、これだけではこの先いくら必要なのか、そのために現状いくら不足しているのか、といった資産運用を行う際に重要な情報が入っていません。

そこで、将来必要な額を「積立金」といった形で盛り込んでいきます。企業会計には「引当金」という項目がありますが、それと似たような考え方です。**今後出費が見込まれるお金を、今の段階で負債と同じように織り込んでしまう**のです。

積立金には、住宅改修積立金、教育費積立金、介護費積立金、老後積立金などの内容が考えられます。これらは、実際にいくら必要なのか見積もるのが難しいものばかりですから、ざっくり、このくらい必要かなという金額を入れればいいと思います。

先のバランスシートに加えると、例えば次頁の表のようになります。

▽純自己資産がプラスになることを目指して

積立金を負債と認識すると、通常の場合、資産を上回ってしまうと思います。この

【「積立金」を盛り込んだ家計版バランスシートの例】

資産の部		負債の部	
現金	100,000円	住宅ローン	30,000,000円
普通預金	3,000,000円	自動車ローン	920,000円
定期預金	2,000,000円	教育ローン	0円
株式	0円	クレジット未払金	100,000円
投資信託	0円	負債合計	31,020,000円
債権	0円	積立金の部	
不動産(建物)	10,000,000円	住宅改修積立金	10,000,000円
不動産(土地)	20,000,000円	教育費積立金	10,000,000円
自動車	1,400,000円	介護費積立金	15,000,000円
その他	100,000円	老後積立金	20,000,000円
		積立金合計	55,000,000円
		負債・積立金合計 b	86,020,000円
資産合計 a	36,600,000円	純自己資産 a－b	△49,420,000円

マイナスを埋めていくのが、資産運用での目標となります。

この例では、約5,000万円のマイナスですが、こうした数字になる人も少なくないと思います。大きな金額ですが、慌てる必要はありません。収入の中で生活していれば自然に預金は増えていきますし、ローンも減っていきます。このバランスシートを毎年作っていると、徐々にマイナス幅が減ってくるはずですから、それを1つの楽しみにしてください。現状と傾向を知るために、毎年作ることが大切です。

純自己資産のマイナスを埋めていくための方法を考えることが、資産運用ということになります。コツコツと貯金していくというのも1つの手法ですが、「お金に働いてもらう」という考え方も有効です。そこで、株式や債券などの購入を検討することになるでしょう。

現状を知って、目標額をつかむために、ぜひバランスシートを作ってみてください。

POINT

バランスシートの作成は資産運用の第一歩。

7 公務員特有のお得な制度「共済預金」を活用しよう

▽「社内預金」という制度を知っていますか？

「社内預金」とは、企業が従業員の給与の一部を預かって貯蓄金を管理する仕組みのことです。社内預金については、利率の下限が法令で決められています。今の水準からすると信じられませんが、１９９０年代は６％が下限だったようです。

ちなみに、現在の社内預金利率の下限は０・５％です。これでも、市中金利と比べるとかなり高い利率ですから、社内預金制度がある会社では利用している人も多いでしょう。残念ながら、社内預金の制度を持っている会社は激減しているようですが。

ただし、社内預金にはリスクもあります。それは、会社が倒産してしまうリスクです。社内預金については、受入れ預金額について保全措置を取ることが法令で決められていますので、会社が存続している限り、そこは信じていいでしょう。けれども、会社がつぶれてしまった場合は、社内預金が全額返ってくるかどうか心配です。

▽「共済預金」は公務員にとってのお得な社内預金

地方公務員にとって、企業でいう社内預金に当たるのが「共済預金」です。共済預金は、都道府県ごとに設置された共済組合が運営しています。

共済預金の利率は、組合ごとに設定されていて、かなり幅があります。しかし、2017年時点で、**一番低い利率でも社内預金の下限と同じ0・5％、一番高いところとなると1・9％くらいが設定されているので、市中の金融機関と比較すると断然お得**です。しかも、普通預金と同じ運用で、いつでも出し入れ自由ですから、定期預金や債券投資のようにお金が固定されることもありません。3，000万円までという上限設定がありますが、3，000万円なら制約というようなレベルでもないでしょう。

例えば、利率1・5％とすると、1，000万円を共済預金に10年預ければ、複利効果も手伝って税引き後でも利息収入が120万円を超える計算になりますから、使わない手はありません。と言うより、これを上回る資金運用をするのは、なかなか骨であるとさえ思えます。

公務員に資金運用熱が広がらない一因は、この共済預金制度にあると言ってもいいかもしれません。あえてややこしいことをしなくても、**共済預金に預けておくだけで、市中金利をはるかに上回る利回りでどんどん増えていく**のですから。

▽共済預金のリスク

社内預金には倒産のリスクがありますが、自治体がつぶれる可能性は無視していいでしょう。しかし、共済預金がペイオフの保護対象ではない点には注意が必要です。ペイオフとは、金融機関が加入する預金保険機構による保険制度であり、金融機関が破綻した場合に預金者に対して預金の一定額を保護する制度のことを言います。共済組合は金融機関ではないためペイオフの対象外なのです。

つまり、なんらかの理由により共済組合が破綻してしまった場合、共済預金が返ってこなくなる可能性もなくはないということになります。確率は低いと思いますが、一応考えておいたほうがいいでしょう。

POINT

共済預金はお得な制度。リスクも頭の片隅に。

8 ▼「債券」はローリスクだがローリターン

▽日本国債の格付け問題

少し古い話になりますが、2002年ごろ、ムーディーズをはじめとするアメリカの格付け会社が日本国債を格下げし、これに対して財務省が反論するという一幕がありました。

もともと先進国の中で最低の格付けでしたが、さらなる格下げにより、途上国であるボツワナなどの国より下になることで、さすがに堪忍袋の緒が切れた格好でした。

当時と比べて、日本の財政状況はさらに悪化しているように思えますが、あまり格付けが話題になることはなくなりました。国債への格付けが実際的な意味を持たないことを、多くの人が理解したからかもしれません。また、格付け会社の姿勢については、アメリカ発のサブプライムローン問題のときにも厳しく問われた経緯があります。

それでも、債券に格付けが行われることは変わりません。もちろん、それには大きな意味があるからです。

▽債券とは

債券とは、国や自治体、企業などが、まとまった資金を調達することを目的として発行する証券のことを言います。あらかじめ金利や満期日が定められていて、債券を買った投資家は、定期的に金利を受け取り、満期になると元本が償還されます。また、債券を扱う市場もありますので、満期を待たずに売買することもできます。

現在の低金利下では、大きな利回りは期待できませんが、預金に比べれば利率が高く、満期まで持ち切れば元本が償還されることから、安全な投資先とされています。

債券の最大のリスクは、発行元がデフォルト（債務不履行）になってしまうことです。大きな収益は上げられない代わりに、安定した利回りが得られるつもりで投資していたのに、発行元が潰れてしまっては、元本の回収自体ができなくなります。

そこで、そうしたリスクの度合いを示しているのが格付け、ということになります。格付けが高い発行元の金利は低く、格付けが低い発行元の金利は高く設定されるのが一般的です。投資家は、利回りは低いけれども安全性を取るのか、リスクを取って高い利回りを狙うのか、判断することになります。

▽地方公務員が債券を買う意味はあるか

個人が債券を買うとして、最も身近な商品は、「個人向け国債」だと思います。最も安全性が高いですし、1万円から買えて、元本を割るリスクがないなど、個人が買いやすいような工夫もされています。

しかし、2017年冬時点の利率は、10年満期で0・05%。リターンは非常に小さいと言わざるを得ません。普通預金に置いておいたらまったく増えませんから、当面使う予定のないお金を安全に確保しておきたいという趣旨で、わずかな利率でいいから債券を買っておこうという選択肢は、一般的にはあり得ると思います。

ただし、地方公務員の場合、平均して1%以上の利率が設定されている共済預金を差し置いて、わざわざはるかに利率が低い国債を買うメリットは、正直なところなかなか見出せません。

POINT

地方公務員が積極的に債券を買う意味は薄い。

9▼世界を広げる「株式投資」

▽株式投資は投資の王様だけれど…

「投資と言えば株」と直感的にひらめく人も少なくないと思います。株式投資は、投資の王様、ど真ん中と言っていいでしょう。株式投資で大金持ちになったという人は、洋の東西や時代を超えて数多く、いろいろな伝説が残されています。

また、株価の推移は、経済状況を反映するバロメーターとして関心が高く、日経平均が上がったとか下がったとかいう情報は、毎日のニュースで必ず取り上げられます。

しかし、皆さんの周りで、「株式投資をやっている」という人はそれほど見かけないのではないでしょうか。

株式投資を行う人が少ないのは、日本人の特徴と言えます。2017年8月に発表された日本銀行調査統計局の「資金循環の日米欧比較」によれば、日本・アメリカ・

【家計の金融資産構成】

	現金・預金	株式等
日本	51.5%	10.0%
アメリカ	13.4%	35.8%
ユーロエリア	33.2%	18.2%

ユーロエリアにおける家計の金融資産構成は上記のようになっています。

投資のど真ん中である馴染みのある投資法ですし、大金持ちになった人もたくさんいるのに、なぜやらない人が多いのでしょう。

理由は簡単で、**上がる期待より下がる心配のほうが大きかったから**だと思います。リスクを嫌う国民性とかなんとか言うより、1990年以降の相場を見ていれば、手を出したくなくなるのが自然でしょう。何しろ日経平均で見ると、1989年末には約39,000円だったものが、2009年3月には約7,000円にまで下がってしまったのですから。

この間、「貯蓄から投資へ」などとさかんに言われていましたので、準備なしにうかうかとそれに乗ってしまって、大切な資産を失った人もいたかもしれません。

2017年になって、ようやく26年ぶりの高値となるなど株式市場は持ち直しましたが、それでもまだ信用できない、という人が多いのではないでしょうか。

▽株はギャンブルではない。時間をかけて見守るもの

私は、春や秋のシーズンは、ほぼ毎週馬券を買う競馬好きです。競馬の場合、1200mのレースなら、わずか1分10秒以内に決着がつきます。そして外れたら、賭け金はあっという間にゼロになってしまいます。もちろん、当たったら何倍にもなることがありますが。

「株式投資もギャンブルのようなもの」と思っている人もいるかもしれませんが、競馬のように短い時間で決着がつくものではありません。また、株価に上げ下げはつきものですが、あっという間にゼロになることは通常ありません。

株式投資は、長いスパンで見ていくべきものだと思います。一時期、短時間に取引を繰り返すデイトレーダーが注目されました。そうした手法もあるとは思いますが、市場が開いている平日の昼間に勤務しているサラリーマンにとっては、まったくなじまない手法でしょう。どんな銘柄を買うかじっくり時間をかけて検討し、買ったら上げ下げになるべく一喜一憂しないで持ち続ける、といった姿勢で向き合うべきだと思

います。

長期保有する姿勢を「バイ&ホールド」と言いますが、「バイ&フォーゲット」、買ったらもう忘れてしまうくらいでいいのではないでしょうか。

▽銘柄の選び方

株式投資をしたいと思っても、どの会社を買えばいいかわからない、という人もいるでしょう。

本格的に銘柄選びをするのなら、株式投資には「会社四季報」というバイブルのような本がありますし、日本経済新聞をくまなく読んで情報を探すというやり方もあります。しかし、最初からそれをやろうとすると、ちょっと敷居が高過ぎる気がします。

はじめは、好きな会社や応援したい企業の株を買うのがいいのではないでしょうか。「きのこの山」が好きだから明治の株を、ディズニーランドが好きだからオリエンタルランドの株を買う、といった具合です。ちなみに私が最初に買った会社は、ヤマト運輸です。宅急便の生みの親である小倉昌男さんの本を読んで感銘を受けていたこともあって、ほんの少額ですが株を買えた時は、なんだかうれしかったことを覚えています。

さて、買いたい銘柄が決まったら、少し調べてみましょう。ネットでなんでも調べられる時代ですから、その会社の業績がどうなのか、新製品の売れ行きはどうなのかといった情報はすぐに手に入ります。お店に直接行ってみるのもいいでしょう。いくら好きな会社でも、長期的に業績が低迷していたり、何か大きな問題を抱えていたりした場合は、買うのを控えたほうがいいかもしれません。

銘柄選びには、PER（株価収益率）やらROE（自己資本利益率）やらPBR（株価純資産倍率）やらといった、いろいろな指標があります。やっていくうちにそうしたものも自然に覚えていくと思います。まずは、知っている会社、好きな会社、応援したい会社から第一歩を踏み出してみてはいかがでしょう。

▽株式投資で広がる世界

私は、地方公務員の皆さんに、ぜひ株をやってほしいと思っています。もちろん、**投資手法としても優れていると思いますが、それ以上に、経済との大きな接点になる**と考えているからです。

地方公務員として決められた仕事をしていると、どうしてもある種の「浮世離れ」をしてしまいます。景気がいいとか悪いとか、賃金が上がるとか下がるとか、そうしたことに頓着しなくても仕事は進みます。しかし、それでは十分ではないと思います。住民に寄り添ったいい仕事をするためには、経済を自分事として肌で感じる必要があるのではないでしょうか。

そのための入口として、株式投資はもってこいです。円高になったらどんな企業が恩恵を受け、どんな企業に不利になるのか、高齢化が進むとどの企業の活躍の場が増えるのかなど、株式投資を始めると、いろいろな経済ニュースが自分事になります。

そして、それは仕事にも自然に生きてくると思います。

POINT

地方公務員こそ株式投資を。

10 ▼「NISA」で非課税枠を賢く使おう

▽NISAとは？

ＮＩＳＡと書いて、ニーサと読みます。Nippon Individual Savings Accountの頭文字を取ったものです。イギリスの個人貯蓄口座であるＩＳＡ（Individual Savings Account）の日本版とされています。

ＮＩＳＡ口座内で、毎年一定金額の範囲内（上限１２０万円）で購入した金融商品から得られる利益が非課税になる、という特典のある制度です。例えば、50万円で買った株が１００万円になったとき、通常であればもうけの約2割、この場合であれば10万円が税金としてとられますが、ＮＩＳＡ口座なら税金がゼロになる、というわけです。概略をまとめると次頁のとおりです。

非課税とだけ聞くと、実にありがたい制度であり、使わない手はないように思えま

【NISAの概略】

利用可能者	20歳以上
非課税対象	株式・投資信託等への投資から得られる配当金・分配金や譲渡益
口座開設可能数	1人1口座
非課税投資枠	新規投資額で毎年120万円が上限
非課税期間	最長5年間
投資可能期間	2014年～2023年

す。実際、2014年のスタート時には、それなりに盛り上がった記憶があります。さらに、「つみたてNISA」や未成年者を対象とした「ジュニアNISA」と制度は広がっています。

しかしながら、NISAがどんどん使われているという話はあまり聞きません。

▽NISAの欠点

NISAが広まっていかないのには、もちろん理由があります。一般的に指摘されているのは以下のような内容です。

- **途中で売却した分の非課税枠を再利用できない**
- **他の口座との損益通算ができない**
- **損失の繰越控除ができない**
- **すでに持っている商品は対象外**

もともとは、投資を促そうとして始めたはずですが、開始にあたっていろいろとこねくり回しているうちに、使い勝手の悪いものになってしまった格好です。かなり改善が重ねられてきていますが、さらにわかりやすく、使いやすい仕組みにしてもらいたいものです。

ちなみに、私はＮＩＳＡを活用していません。損益通算や繰越控除ができないのがピンとこなかったからですが、今後は考えていくつもりです。

▽ややこしいことを考えずＮＩＳＡの有利な点を活かす

ＮＩＳＡは長期の投資を促す制度であり、使い勝手の点ではあまりよくありません。例えば、１００万円で買った株が１１０万円に上昇したので売却したという場合、口座には１１０万円ありますが、その年に追加投資できるのは、上限額の１２０万円から最初に買った１００万円を引いた20万円しかありません。

また、税金で有利になるのは利益が出た場合だけで、もし損失を出した場合、他の口座と損益を通算して税金を抑えるといったこともできません。さらに、非課税期間終了後の取り扱いにも注意が必要です。

しかし、そうしたデメリットには目をつぶり、**株を始めるのなら、とりあえずＮＩＳＡ口座でスタートするというのが合理的**かもしれません。なんといっても値上がり益に税がかからないというのが魅力的ですし、配当への非課税もありがたいところです。損益通算できないのが気になりますが、これから始めるという人ならこれまでの累積損もないはずですから、なおさら意味があります。

NISA口座だから長期的な投資をしなければならないという決まりもありませんから、買って上がって目標株価に到達したら、すぐに売ってしまって構わないと思います。そうすると、その年に使える非課税枠がなくなってしまうかもしれませんが、枠を使い切ることを目的化する必要はまったくありません。

せっかく用意されている有利な制度ですから、上手に利用しましょう。

POINT

株を新たに始めるなら、まずNISAで始める手がある。

11 ▼自己責任で信じて託す「投資信託」

▽自己責任で託す

「投資は自己責任で」とよく言われます。さんざん投資をあおるような内容の番組を流しておいて、最後には、「くれぐれも投資は自己責任で」と付け加えられたりして。

当然です。「命の次に大事」と言われることもあるお金を動かすのですから、人任せにしていいわけがありません。

その一方で、投資に関する知識がなく、それにかける時間もないという人が、お金だけを持たされて、果たしていい運用ができるのかどうかとなると、心もとない面もあると思います。自己責任と言われても、よくわからない中で金融市場に漕ぎ出すのはハードルが高いでしょう。

また、「新興国の株を買いたい」「先進国の債券で運用したい」と方針を決めたとしても、それを自身で実行するのは大変です。

そこで、自らの投資を、専門家に「信じて託そう」というのが「投資信託」です。

一般社団法人投資信託協会のホームページでは、「投資信託（ファンド）」について、**「投資家から集めたお金をひとつの大きな資金としてまとめ、運用の専門家が株式や債券などに投資・運用する商品で、その運用成果が投資家それぞれの投資額に応じて分配される仕組みの金融商品」**と定義しています。

▽投資信託の種類

投資信託と一口に言っても、膨大な数の商品があります。その中からどれがいいのかを考えるのだとしたら、株式の銘柄を選ぶのと同じような労力を必要とします。そこで、投資信託を種類で分けて考えて、自分がいいと思う分野から選び出すのが一般的だと思います。

投資信託は、以下のような基準で分類されます。

①投資対象による分類

・公社債投資信託（株式を組み入れず、国債や金融債などの公社債を中心に運用）

・株式投資信託（株式に投資を行う。ただし、株式だけというわけではない）

②運用期間による分類

・無期限ファンド（満期償還日がなく、運用を終えるタイミングを自分で決める）

・有期ファンド（あらかじめ運用が終了する償還日が設定されている）

③追加設定の有無による分類

・追加型（当初設定日以降も資金の追加ができる）

・単位型（当初の募集期間に集められた資金を1つの単位とし、資金の追加を認めない）

④運用方法による分類

・アクティブファンド（運用担当者が、有価証券等の銘柄及び投資割合を決定）

・インデックスファンド（日経平均など特定の指標と連動した運用を目指す）

▽数ある投資信託　どう選べばいいか？

種類に分けられても、それでもどれがいいか決めかねるという人もいると思います。これがいい、とおすすめする立場でもありませんが、いくつかヒントとなるような項目をお示ししたいと思います。

◯毎月分配型は優先度が低いのでは？

分配金が毎月支払われるものを毎月分配型投信といいます。定期的に分配金を受け取れる安心感や、毎月お小遣いをもらえるような感覚が受けて、人気となりました。しかし、この仕組みは、分配金に資金を回す分、元本を取り崩していくことになりますから、資産の蓄積が見込めなくなります。

毎月、きちんとした給与がもらえる公務員としては、あえて毎月分配型を選ぶ意味は薄いのではないかと思います。

◯アクティブファンドに多大な期待をし過ぎない

アクティブファンドは、相場の平均値を上回る利益を出すことを目指します。例えば、日経平均が10％上がっているとしたら、少なくともそれを上回るパフォーマンスを得ようとするわけです。そのために投資家はインデックスファンドより高い手数料を払うわけですし、運用者はプロなのですから日経平均を下回っては話にならない気がします。

しかし、現実には日経平均の上昇率に負けてしまうアクティブファンドが多数あるようです。投資ですから下がることがあるのもやむを得ないところですが、プラスの手数料を払った挙句にインデックスに負けてしまってはあまりにも残念です。

○ＮＩＳＡでの運用を念頭に置く

短い期間での急騰を狙うのなら、投資信託よりも個別株のほうがいいでしょう。個別株なら、好決算や新製品の発表などで、突然上がることがありますから。**投資信託は、基本的に長い目で見た運用に向いている**と思います。となれば、ＮＩＳＡの活用がはまりそうです。

○自分で考える

当たり前のことですが、自分で考えましょう。

投資信託は、自分のお金を信じて託す仕組みですが、どこにいくら託すかを決めるのは自分自身です。「金融機関の営業の人に勧められた」「テレビで業績がいいと言っていた」というだけで飛びつくのはやめましょう。

もちろん、こうした情報も投信選びの大きな参考にはなると思います、しかし、あくまでも最後に決定するのは自分です。下がってしまったときに、自分で考えて選んだものならばあきらめもつきますが、流されて買ってしまったものの場合、くよくよと後を引きがちです。そうなると、次の投資にもつながっていきません。

投資信託は、個別銘柄ではなく、「日本株」「新興国」など、一定のテーマの成長を見守る投資方法と言えます。**目先の上げ下げではなく、長い目で、選んだテーマの推移を眺める**ようにしたいものです。

POINT

投資信託は、お任せするものではなく、自己責任で信じて託すもの。

12 ▼ 株式以上に読めない「外貨投資・FX」

▽日本の未来に不安があるから外貨投資、これって正解？

日本の未来に不安を持っている方は少なくないと思います。特に、公務員という仕事は、職業柄いろいろな困難を抱えている人と向き合うことが多いため、事態は一層深刻に見えます。

お年寄り世代の増加、医療・介護問題、貧困世帯の増加、格差の拡大など、自治の現場にいると、「この先大丈夫かな」と感じることも少なくないでしょう。

国全体で見ても、長期間に及ぶ少子化によって国が縮んでいくことは、もはや避けられない状況ですから、国が縮めば経済も縮むのではないかと心配されます。GDPの倍以上に膨らんでいる政府債務の大きさも不安の種です。いつか財政が破綻するのではないかと、ハラハラしている人もいると思います。

投資をする際には、リスクを分散することが鉄則と言われますが、日本という国そのものが沈んでしまったら、国内でのみ投資していた人はどうにもなりません。預金で持っていれば安全かと言えば、国債が暴落して激しいインフレに見舞われれば、お金の価値は下がる一方となってしまいます。

そこで、他国の通貨で運用することによってリスクを回避しようとする人がいます。円の価値が下がることを見越して、外貨で預金をしておこうというのです。もっともな発想のように思えますが、実際のところどうなのでしょう?

▽大地震が起きても、海外で紛争が起きても、日本円は上がる

2011年3月、東日本大震災が日本を襲いました。これまで経験したことのないような揺れに加え、津波、原発事故が重なり、我が国は大ピンチに陥りました。このとき、日本円は危ないということで売られたでしょうか。

2011年3月11日は金曜日でした。円ドル相場は、1ドル82・84円で始まり、震災が起こったのは午後でした。土曜日、日曜日を経て、被害の深刻さがますます明らかになった週明け月曜日は、1ドル81・30円から始まり、さらにその週の半ばには、1ドル77・16円にまで円高が進みました。

それより少し前、２００1年9月11日に、アメリカを同時多発テロが襲いました。世界中に一気に緊張が高まりましたが、この時も9月11日が１ドル１２０・98円であったものが、翌週の月曜日9月17日には、１１６・65円まで円高が進みました。

つまり、**日本で危機が起きても、世界に危機が起きても、円は買われた**のです。

また、アベノミクスがスタートするまでは、日本経済が低迷し、失われた10年、20年と言われながら、円高が延々と続いていました。つまり、日本経済の強さと円相場は相関関係にはないのです。日本の将来を悲観的に見る気持ちはわからなくはありませんが、だからと言って円安になるわけではないことは過去の相場が示しています。

▽外貨預金にリターンは期待できるか

そうは言っても、日本で預金していても、ほとんど金利はつきませんから、海外で預金しておきたくなる気持ちも出るでしょう。海外の株を買っているわけではなく、預金であればリスクも低そうです。金利が３％つけば、それだけをもらっていても、10年経てば複利効果も手伝ってかなりの利益が乗るはずですから。

しかし、為替の変動は、年率３％どころではありません。もちろん、円安に振れる可能性もあり、その場合はダブルで儲かることになりますが、**預金と言いながら大き**

く元本が毀損される可能性があることは押さえておく必要があります。

また、外貨預金には、為替手数料がかかることにも注意しなければなりません。手数料は、円から外貨にするとき、外貨から円にするときの両方にかかります。手数料率は金融機関ごとに異なりますが、往復でかかりますから、この分を稼ぐだけでもそれなりに大変です。

外貨預金には、資産を円だけで持っていることのリスクを分散する意味もありますので、必ずしも高いリターンを求めなくてもいい面もあるかもしれませんが、**リスクの高さに比例したリターンを期待できるかどうかは、かなり微妙**なところです。

▽FXとは何か

「外国為替証拠金取引」のことを通称「FX」と呼びます。FXという名称は、Foreign eXchangeからきています。

簡単に言うと、**「一定額の証拠金を担保に、『円と米ドル』『円とユーロ』など2つの通貨の組み合わせを売買して利益を得ようとする取引のこと」**となるでしょうか。

証拠金とはどういうことかというと、口座にお金を入れておけば、それを保証として、その何倍かの取引ができるということです。これを、レバレッジを効かせるなどと言います。FX開始当初は、100倍ものレバレッジが可能でしたが、射幸心をあおり過ぎるということで、現在は25倍が上限に設定されています。つまり、10万円を口座に入れておけば、250万円分の取引ができる、ということです。

10万円しか入れていないのに250万円の取引をして、もし赤字が10万円を超えてしまったらその分は借金になるのかというと、損は10万円で打ち切りです。これをロスカットと言います。

また、「売り」から入れるのも特徴です。一般にわかりやすいのは「買い」から入るパターンで、例えば、円が安くなることを見越し、1ドル100円のレートで買って、1ドル110円になったところでそれを売って、その差額を狙うというものです。

「売り」はその反対で、例えば、現在、1ドル110円のレートが、将来的には100円になると予想した場合、まず1ドル110円で売り、1ドル100円になったところで買い戻すことで、差額を利益として得ることができます。

FXには、レバレッジを効かせられる、売りから入れるということのほか、

・手数料が外貨預金より小さい
・金利差による受取スワップポイントを受け取ることができる
・24時間取引ができる

などのメリットがあります。

▽ＦＸは資産運用というよりギャンブルに近い要素

ＦＸでは、２つの通貨を比較して、どちらが上がるか予測します。どちらかが上がれば、どちらかは下がります。ざっくり言うと、得をする人と損をする人が、半々ということになります。

基本的に、レバレッジをかけて、目まぐるしく変化する相場に目を凝らし、短期間で利益を得ようとするのがＦＸだと思います。これはこれで面白いですし、大きな利益を得ることができる可能性もあります。

しかし、**長期的な資産運用に適した手法とは思えません。**公務員として日中仕事をしていればなおさらです。

ギャンブルのようなものと割り切って、少額の証拠金を入れて、思い切った相場を張るのも一興ではありますが、ＦＸは資産運用のメインに据えるものではないでしょう。

POINT

外貨預金、ＦＸとも、長期の資産運用にはあまり向いていない。

13 公務員にも解禁されたお得な個人型年金「iDeCo」

▽iDeCoって何？

ＮＩＳＡ、ＦＸときて、今度はiＤeＣo（イデコ）です。親しみやすいように横文字が使われているのですが、どれも名前だけではまったくピンとこないのが欠点です。

iＤeＣoは、individual-type Defined Contribution pension planの頭文字からきています。このうち、Defined Contribution pension planとは、確定拠出年金のことを指します。つまりiＤeＣoとは、「個人型確定拠出年金」のこととなります。

ここまで読んで、「ふうん、なるほど」と思った人は、年金上級者でしょう。大抵の人は、「何言うてはりまんのん」という感じだと思います。

年金制度は、異常なまでにわかりにくく、詳細な説明は省略させていただきますが、「確定給付年金」と「確定拠出年金」の違いには触れておかなければならないでしょう。

簡単に言うと、**確定給付年金は将来もらえる額が確定しているのに対し、確定拠出年金は年金の掛金が確定しているという違いがあります。** また、確定給付年金は企業が運用責任を持つのに対し、確定拠出年金は加入者自身が運用に責任を持たなければならない仕組みです。

ここまで聞いて、「確定拠出年金いいね！」と思う人がいるでしょうか。普通の感覚なら、将来もらえる額が確定していて、責任も企業が持ってくれる確定給付型のほうがいいと考えるのではないでしょうか？ では、なぜ近年になって確定拠出年金が取り沙汰されるようになってきたのでしょう。要因としては、以下のような項目が挙げられます。

①年金や退職金の原資運用環境が低迷し、運用利回りが低下したため、企業の負担が大きくなった
②雇用の多様化・流動化に伴い、ポータビリティ（持ち運び性）の高い制度が必要になった
③公的年金の財政悪化に伴い、個人の自助努力を支援する必要性が増した

つまり、年金環境の悪化に伴い、やむにやまれずといった感じで生まれたのが確定拠出型年金であると言っていいかもしれません。

確定拠出型年金には、企業型と個人型の2種類があります。そして個人型がこのｉＤｅＣｏということになります。自分で拠出し、自分で運用し、その結果に応じて受け取る額が変わる制度です。公務員の場合、企業型はなく、個人型のみ加入が可能となります。

制度開始当初は、自営業者と勤務先に企業年金のない会社員のみが対象でしたが、２０１７年１月から、公務員、専業主婦（主夫）、企業年金のある会社員など、基本的に公的年金制度に加入している60歳未満のすべての方が加入できるようになりました。

▽ｉＤｅＣｏに入ればいくらもらえる？

ｉＤｅＣｏは、今入っている年金制度の給付額に上乗せしたいと考える人のための制度です。もちろん、加入は任意で、あえてプラスの年金を求めないという人は入る必要がありません。**公的年金の額ではちょっと心もとない、自分の力で運用して、少しでも年金額を増やしたい、という人のための制度**です。

【iDeCoの加入期間と受給年齢】

通算加入期間	受給ができるようになる年齢
10年以上	60歳から
8年以上10年未満	61歳から
6年以上8年未満	62歳から
4年以上6年未満	63歳から
2年以上4年未満	64歳から
1月以上2年未満	65歳から

拠出金には、個人の属性によって上限が定められていて、**公務員の場合、月12,000円が上限**です。掛金を60歳になるまで拠出し、60歳以降に、老齢給付を受け取ることになります。気になるのは、いくらもらえるのか、ということですが、これは自身の運用結果次第になります。確定しているのは、「拠出」のほうであり、「給付」は確定していないのです。運用によっては、掛金を下回ることもあり得ますし、うまくいけば大幅に増やせる可能性もあります。

また、加入期間によって受給できるようになる年齢が異なることにも注意が必要です。具体的には、上記のようになります。

つまり、すでに50歳を過ぎているような方は、今から拠出を始めても、60歳からはもらえないということになります。２０１７年から制度を利用できるようになった公務員としては、ちょっとご無体な感じもしますが、仕方がありません。

▽ｉＤｅＣｏのメリット

ｉＤｅＣｏは、公的年金の不足分について個人でも対応できるようにと始められた制度です。国策的に誘導されている面があり、そのため税制面で大きな優遇があります。それは、次の3点です。

①掛金を全額所得控除できる

②運用益が非課税

③受取時には「退職所得控除」（一時金の場合）若しくは「公的年金等控除」（年金受取の場合）が受けられる

これは、相当強烈なメリットであると言えます。

まず、①の掛金の所得控除に、とにかく大きなインパクトがあります。「ｉＤｅＣｏ公式ガイド」というホームページに「簡単税制シミュレーション」というコーナーがありますので、「30歳の人が、公務員の上限１２，０００円を60歳の満期まで積み立てた場合」で試してみると、

iDeCoへの積立総額　4,320,000円
iDeCoによる税制優遇額　864,000円

と表示されます。つまり、iDeCoに加入しているだけで、20%の利回りと同じ効果があるということになります。

②の運用益が非課税というのはNISAと同じですが、NISAには期間の限定がある一方、iDeCoのメリットはずっと続きます。さらに、③に書いたとおり、受取時にも特典があります。

もちろん、iDeCoにも注意すべき点はあります。まとめると、以下のような項目になるでしょうか。

- 投資リスクは自分が負う
- 原則60歳まで引き出しができない
- 各種手数料など、管理コストがかかる

▽はっきり「始めたほうがいい」と言える稀有な制度

資産運用にはいろいろな手法があります。通常、高いリターンを獲得しようとすれば、それに見合ったリスクをとる必要があります。そのため、どの手法にも一長一短

が生じ、これで決まり、という投資法はないというのが本当のところでしょう。

しかし、iDeCoについては、はっきり「始めたほうがいい」と言える、珍しい制度だと思います。「運用に失敗したら目減りしてしまう」と心配する人もいるでしょうが、預貯金といった元本確保型の商品もありますから、こうした商品で運用すれば、税制優遇分は確実にプラスになる計算です。

公務員には2017年1月に解禁になったばかりで、まだあまり馴染みがありませんが、**長期的な資産運用をするためには、必ず入れるべき選択肢**と言えるでしょう。

POINT

iDeCoのメリットをフルに活用しよう。

14 「不動産投資」は投資というより業に近い

▽公務員が不動産業をしてもいいか

資産運用に関する本に、『金持ち父さん貧乏父さん』（筑摩書房）という大ベストセラーがあります。自身がお金持ちである著者のロバート・キヨサキさんは、この本の中で、実体験も交えて不動産投資を勧めています。不動産投資は、自分のために働いてくれる資産を手に入れることになるし、銀行も資金を貸してくれるし、税金の優遇も受けられるというのです。

しかし、不動産投資は、株や投資信託と比べて、ハードルがぐっと高くなります。使えるお金を有効に活かしているというより、「業」として取り組んでいる感じでしょうか。そうなると、副業禁止の公務員がやってもいいのかという問題になります。

結論から言うと、公務員が不動産投資若しくは不動産業を営むことは可能です。しかし、人事院規則14―8に示されている、左記に示すような自営に当たるかどうかの基準を超える場合は、基本的にはよろしくないと考えるべきでしょう。

①独立家屋の賃貸については、独立家屋の数が5棟未満
②独立家屋以外の建物の賃貸については、10室未満
③賃貸料収入の額が年額500万円未満

この基準内なら無条件に大丈夫かといえばそうではなく、職務に専念できていないとみなされるような場合は、処分の対象にもなりかねないので注意が必要です。反対に、これを超えたら絶対にダメというものでもないと思います。このあたりの兼ね合いは難しいところです。ただし、認められるかどうかは抜きにして、不動産業でしっかり利益を出していこうと思うと、心身ともにかなりの労力を割くことになります。時間という資産もかなり使うことになるでしょう。あくまでも本業は公務員としての仕事であり、そちらの充実を最優先しながら、できる範囲で資産運用も、と考える人にとっては、不動産投資は一線を越えているようにも思えます。

▽手軽な不動産投資　J―REIT

実物としての不動産投資はかなり敷居が高いものの、資産としての不動産の上昇を

見込み、そこに投資したいと考えた場合、J―REITという商品があります。これまた横文字ですが、Japan ―Real Estate Investment Trustの頭文字をとったもので、投資家から集めた資金をオフィスビルなどの不動産で運用して賃料収入などを投資家に分配する「投資信託」の一種です。株式市場に上場しているJ―REIT銘柄については、普通の株式と同様に売買することができます。**実物の不動産への投資と比べ、手軽で、コストが少ない手法**と言えます。

REITには、「総合・複合型」「オフィスビル特化型」「商業施設特化型」「ホテル・リゾート型」など、さまざまな種類があり、その中から値上がりが見込めそうな銘柄を選んで投資することになります。いつでも売買できますし、当然ながら物件を管理する手間もありません。一方、実物への投資のように、銀行からの融資を得て、資産を膨らませながら再投資するといった手法は使えません。

POINT

実物不動産への投資は一種の経営。運用としてはJ―REITが手軽。

15 ▼ポートフォリオは分散か、集中か

▽リスクは分散させるべき？

資産運用や投資の本を読むと必ず書いてあるのが、「リスクを分散させよう」ということです。その際によく使われる例えが、「卵は1つのカゴに盛るな」です。つまり、何かの拍子にカゴを落としてしまったとき、そこにすべての卵を入れていたら全滅になるけれど、複数のカゴに入れてあれば、1つのカゴがダメになってもほかのカゴの卵が残っていますよね、というわけです。

株式投資を例にとれば、円安のメリットを享受する企業ばかりを買っていたら、為替が円高に振れた場合、すべてマイナスになってしまう可能性があります。そのため、円高に強い銘柄にも分散すべき、ということになります。

一方、投資の神様と言われるアメリカの投資家ウォーレン・バフェットさんは集中

投資を勧めています。バフェットさんは、「分散投資は、リスクヘッジではなく『無知に対するヘッジ』である。自分が何をやっているかわかっていれば、分散投資は必要ない」と、述べているそうです。

つまり、分散投資をしなければならないのは何をやっているかわからないからであり、しっかりわかって投資していれば、わざわざ分散させる意味はないというのです。確かに、こちらにも一理も二理もありそうです。

▽分散か集中かは、自分がどうしたいかで考える

「リスクを分散させるべき」という戒めと並んで、投資の本でよく書いてあるのが、「投資は余剰資金で」というものです。投資は、失っても大丈夫な資金でやりましょう、というのです。

こちらも、一見もっともな話ですが、失ってもいいお金でやっているのなら、わざわざリスクを分散して運用益を減らすようなことをしなくてもいいような気もします。

結局、**集中と分散のどちらを取るかは、「自分の資産をどうしたいか」という初期設定によるということになるでしょう。今の暮らしに満足しているので、お金が減らないように気をつけながら、教育・介護・老後に備えたい、というのなら分散投資

で、少し無理をしてでもお金を増やして、今の暮らしを変えたい、と思っているのなら集中投資で大きく狙う、ということになるのだと思います。

▽理想のポートフォリオを目指して

「ポートフォリオ」とは、金融商品の組み合わせのことです。投資家が保有している預金、株式、債券などの組み合わせの内容を指し、個別銘柄名といった具体的な運用商品まで踏み込んで一覧化したものとされるケースが一般的です。語源は、「紙ばさみ」といった意味で、かつて紙ばさみに資産の明細書を留めていたことが由来となっているそうです。

よく「ポートフォリオを組む」という表現が使われますが、これは預金をどのくらい持つか、どのような銘柄の株を買うかなど、資産の運用方法を組み合わせるといった意味になります。

具体的なポートフォリオがないとイメージしにくいと思いますので、例として、私たちの年金を運用している年金積立金管理運用独立行政法人の基本ポートフォリオを示します。「長期的な観点から安全かつ効率的な運用」を目指すとされていますので、我々にも参考になると思います。

【ポートフォリオの例】

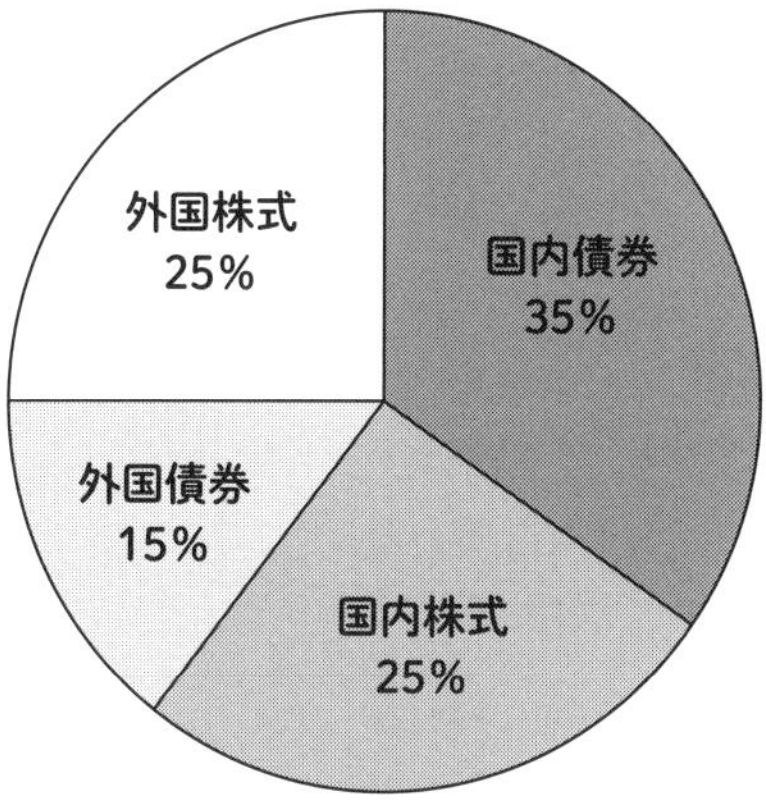

〔出所〕年金積立金管理運用独立行政法人ホームページ

多くの人は、金融資産のほとんどが貯金・預金でしょう。それも１つの考え方なので、慌てて株式に何％、外国債券に何％などと、組み合わせありきで考え始めることはありません。**資産運用で何をしたいのかを自分に問いかけながら、時間をかけて組み上げていけばいいもの**だと思います。

資産運用について考えるということは、自分にとって理想のポートフォリオを探すということかもしれません。そしてそのポートフォリオは、一度作れば終わりというものではなく、年代や生活環境の変化などによって変わっていくものだと思います。

POINT

資産運用について考えることは最適なポートフォリオを探すこと。

16 ▼ 地方公務員にふさわしい投資方法とは？

▽人生いろいろ、ポートフォリオもいろいろ

「地方公務員にはこのポートフォリオが最適」といった組み合わせがあればいいのですが、かつてのヒット曲のタイトルにあり、小泉純一郎元総理大臣もおっしゃったとおり、「人生いろいろ」です。同じ職場に勤めている同年代の人間でも、人それぞれ育ってきた環境も違えば、抱えている生活も違います。

ですから、誰にでもピタッと当てはまるポートフォリオというものはありませんし、この金融商品を買っておけば間違いない、というものもありません。

また、投資は自分で考え抜いて行うべきであり、誰かがこうしたらいいと言っていたからというだけの理由で、そこにホイホイ乗ってしまってはいけないと思います。

それをわかりつつ、せっかく資産運用の本を読んでいただいたのですから、何かヒ

ントになるようなことはお伝えしたいところです。そこで、これまで説明してきた金融商品ごとの私のおすすめ度を書いてみました。

あくまでも、私の考えるおすすめ度であり、儲かるかどうかとは別の次元の話であることを了解していただいたうえでお読みいただければと思います。

▽金融商品別おすすめ度(★5つが満点)

共済預金　おすすめ度　★★★★

「資産運用はしたいんだけど、株を買うのはなんだか怖いし、口座を開設したり、銘柄を選んだりするのも面倒」。それが自然ですし、実際そうした地方公務員は大勢いると思います。

そんな人の強い味方が、共済預金です。あくまでも預金ですので、何倍にも増えるということはありませんが、1・5%ほど見込める金利は魅力的です。

給料をもらうたびに、こまめにお金を共済預金に移している人もいるでしょう。1,000万円をこの口座に入れられれば、それだけで年間約15万円運用益を得ることができます。

ただし、**ペイオフの対象外であり、預金が保護されているわけではないことには注意が必要**です。これまで公務員の共済組合がつぶれたという話は聞いたことがありませんが、想定外が起こるのが世の常ですから、意識はしておきましょう。

債券　おすすめ度　★

２０１７年冬時点で、個人向け国債の金利は０・05％。国債は、安全資産ではありますが、さすがにここまで低くなってしまうと、投資先としての魅力はほとんどありません。

普通預金に置いておくよりはましですが、１，０００万円購入して年間５，０００円程度ですから、**ここに積極的に投資していく意味は薄い**でしょう。

株式投資　おすすめ度　★★★★

２０１７年の相場環境は非常によかったですが、本来株式投資は大きなリスクを伴います。買った企業が潰れてしまい株券が紙くずになった、という話は周りでも聞きますし、私自身、売り時を逃している間に買値の１割以下に下がってしまった銘柄もあります。

ですから、確実に資産を増やしていきたいと考えている人、しっかり老後に備えたいと考えている人などは、株式投資に資金を集中するのは得策ではありません。

それでも、私が株式投資をおすすめするのは、株を買うことで経済との距離がグッと近くなるからです。株を入口にすることで、ほかの金融商品に対する認識も急速に深くなるのではないかと思います。

私は、**地方公務員はもっと経済に寄り添うべきであり、そのためには株式投資を入口にすべき**と考えています。はじめは、儲ける、資産を増やすというより、経済について勉強するための授業料と捉えてほしいところです。

なお、株式投資にはまとまった資金が必要だというイメージがありますが、「単元未満株」という少額投資もあります。本来、株は、銘柄ごとに100株などの取引を行う最低の株数（単元）が決められていますが、単元未満株であれば、1株から購入できます。例えばソニーの株でも5千円程度といった具合に、少額で始めることが可能です。

外貨投資・FX　おすすめ度　★★

まず、外貨投資でお金を増やしていくのは難しいということを知るべきだと思います。株式については、基本的に景気が良くなれば上昇しますから、個別の銘柄選びは難しくても、全体のトレンドを読むのはそれほど難しくないでしょう。しかし、為替については、いろいろな要素が絡まり合いますから、先を読むのが非常に難しいと言わざるを得ません。

また、株式の場合、上昇局面では多くの人がハッピーになれますが、一対一の通貨でやり取りする為替の場合、どちらかが得をすればどちらかは損をしているということになるのが一般的ですので、利益を上げ続けることの難しさもおわかりいただけるかと思います。

さらに、外貨預金には手数料が高いという問題もあります。

日本円だけで持ち続けること自体がリスク、という考え方もありますし、海外の成長性に賭けてみたくなる気持ちもわかりますが、**本業がしっかりある地方公務員が片手間で利益を上げていけるほど、簡単な世界ではない**と思います。

投資信託　おすすめ度　★★★

個人的には、人に運用を託してしまうというのが今ひとつしっくりこないのですが、使いようによっては、効果を生み出してくれる運用方法だと思います。

例えば、株式全体は上がると予想できるけれど、どの銘柄が上がるかわからないというような場合、日経平均に連動するファンドを買うことができます。

海外の成長に賭けてみたいという場合も、それに見合うファンドがありますし、不動産の値上がりを予想した場合も、それに見合うファンドがあります。

また、投資信託は、個別株式への投資と比べると、長期的な上昇に期待する商品だと思いますので、NISAやiDeCoとの相性もいいと思います。

ただし、**投資信託で運用するには手数料が必要となること、専門家は意外とあてにならないことなどは、忘れないようにしたい**ところです。

NISA　おすすめ度　★★★★

NISAは長期投資を促すために始まった制度であり、その意味で、**腰を据えて資産運用ができる公務員向け**と言っていいと思います。NISAを使ってもらいたいばかりに、非課税制度ができているのですから、乗らない手はないとも言えます。

ただし、昔から株式投資をやっていて、累積の損失が出ているような人は、NISAで出た利益と損益通算ができないといったデメリットがあります。また、短いスパンで個別銘柄の売買をしたい人にも向いていません。

これから投資を始める人、特に投資信託を買ってみようと思っている人は、まずはＮＩＳＡの活用を検討されてはいかがでしょうか。

ｉDeCo　おすすめ度　★★★★★

いろいろな資産運用の本で、お金を貯めるための確実な方法として、「天引き」が推奨されています。残ったお金を回すのではなく、はじめから投資や貯蓄に使うお金を引いておけば、知らないうちに貯まっていくという寸法です。ｉＤｅＣｏは、確定拠出という性格上、毎月決まった額を積み立てていくことになりますから、「天引き」と同じ形になります。

さらに、①掛金を全額所得控除できて、②運用益は非課税で、③受取り時にも控除が受けられる、という至れり尽くせりの制度となっています。

最初に口座を作るのがちょっと面倒かもしれませんが、この制度は使わない手はないと思います。**公務員の場合、上限でも月12,000円までしか拠出できませんから、リスクは低い**という考え方もできます。

不動産投資　おすすめ度　★

不動産投資でお金持ちになった人はたくさんいるのだと思いますが、**公務員が限られた時間とお金で行うには、ちょっとハードルが高過ぎる**ような気がします。精神的なストレスなども加味すれば、あまりおすすめできる資産運用方法ではありません。

不動産を引き継いだ人を別にすれば、あえて手を出す必要はないのではないでしょうか。

もし、不動産の値上がりに賭けてみたいということであれば、J―REITを検討すればよいと思います。

以上、個人的なおすすめ度を表記してみました。資産運用で何をしたいか、どのくらいの資産を持っているかなどで、実際に購入すべき商品は変わってくると思いますが、1つの参考としてご覧ください。

POINT

自分にふさわしい商品を探すことが大切。

COLUMN 4

投資への偏見はありませんか？

通常、偏見を持っていることに本人は気づかず、自分の考えが正しいと思っています。そして、偏見を持つことは、決して珍しいことではありません。おそらく、ほとんどすべての人がなんらかの偏見を持っているのではないでしょうか。

投資に対する偏見も、根強くあるように感じます。例えば、「株式投資は、ギャンブルみたいなもの」「投資で得をする人の分だけ損をしている人がいる。だから自分はやりたくない」などです。これらは、偏見というより勘違いに近いものに思えますが、少なくない人が感じているように見えます。

さらに、「投資で得た利益は不労所得。お金は汗水流して稼ぐべき」といった声もいまだにあります。「お金は汗水流して稼ぐべき」という部分はまだしも、投資＝不労所得と考える人が多いのにはがっかりさせられます。楽して儲けられるほど、投資の世界は甘くありません。長期にわたって利益を上げていこうと思えば、毎日の地道な作業が必要です。

株式投資であれば、新聞や会社四季報などで日々情報を集め、これはという企業が見つかったらさらに細かく検討を重ね、本当にお金を託すにふさわしいか深掘りしていくという作業の繰り返しが求められます。そうして得たお金は、不労所得でも何でもありません。

投資をするかしないかは、個人の自由です。そして、投資でお金を稼ごうとすることは、ずるいことでもなんでもありません。かといって、投資をしている人が尊いとまでは思いませんし、貯蓄は駄目で投資をすべきとも思いません。曇りのない気持ちで、純粋に投資に向き合いたいものです。

CHAPTER

5

公務員が損をしないための世代別ワンポイント

1 20代 ——経済リテラシーを高め、自分に投資

▽始めるのは早いほうがいいのは確かだけれど

資産運用について指南している本によく書いてあるのは、「資産運用を始めるなら、早いほうがいい」ということです。

例えば、60歳までに1,500万円貯めようとした場合、金利3％で計算すると、25歳から始めれば月2万円ほどで足りますが、40歳から始めた場合は4万5千円ほど必要となります。ですから、無理なく計画的にお金を貯めていくためには、できる限り早く資産運用を始めるべきだ、というのです。

これはまったくその通りで、反論の余地がありません。しかし、あまり若い頃から「将来のために貯蓄、貯蓄」と考えているのも気色悪い感じがします。もちろん、早くに結婚して子供も生まれた場合などは、家族のことを考えなければなりません。し

かし、そうでない場合、**20代のうちは、自分自身への投資を優先させていい**と思います。

▽自分への投資とは

この先、すぐに公務員がどんどん辞めさせられるようになるとは思えません。ですから、公務員でいるかぎり、当面安泰かもしれませんが、与えられた仕事をこなすだけではちょっと残念です。自分の専門分野を極めて、「あいつに聞けばなんでもわかる」と言われるような存在になりたいものです。自主的な勉強はもちろん、研究会に参加したり、参考書を買ったりなど、費やしたお金は、きっと将来に生きてきます。

また、仕事以外でも、何か得意なもの、好きなものを探して、できれば突き詰めていきたいものです。それは簿記でも英会話でも特定のスポーツでもなんでもいいと思います。頭も体も新鮮なうちに、比較的時間を自由に使える公務員ならではの過ごし方をしてはどうでしょうか。それも1つの自分への投資だと思います。

また、視野を広げる意味でも、役所の外の人との付き合いを保っておきたいところです。学生時代の仲間でもいいですし、仕事で知り合った人でも、地域の飲み屋さんでも誰でも、異質な人とのつながりを持っておきましょう。

▽経済リテラシーを高めよう

リテラシーは、一般には「読解力」といった意味で使われます。そこから一歩進んで、「与えられた材料のうち、有意義な情報のみを引き出し、意味のある形で活用する能力」「ある情報から、不適切なものを排除し、正しく意味のあるもののみを抜き出す能力」といった解釈もあります。例えば、「メディア・リテラシー」「デジタル・リテラシー」などといった表現で使われます。

20代の地方公務員は、ぜひ「経済リテラシー」を高めておきたいところです。ここでいう経済リテラシーとは、どんな銘柄が儲かりそうとか、FXの手数料はどこが一番安いとかいった内容ではありません。

例えば、次のようなことです。

・デフレとは何なのか。どうして日本だけがデフレに陥ったのか
・円高円安が起きるメカニズムと、それによって影響を受ける業界はどこか
・財政金融政策で取り得る手段と、それによる実体経済への影響はどうか
・企業の真の力を判断する指標は何か

これらを知っていたところで、投資成績向上につながるかどうかは何とも言えませんが、市民の生活に直接関係した仕事を行っている公務員としては、経済の仕組みはしっかり理解しておきたいものです。経済の全体像が見えてくれば、自分の資産をいつどのように活かしていけばいいかといった大きな流れもわかるようになるかもしれません。ただし、それは副産物であり、目的はあくまでも経済リテラシーの向上です。

▽天引きとハイリスクの両面作戦

20代の公務員は、いろいろなことを吸収することを優先して、のびのび暮らしていればいいと思いますが、将来にぼんやりとした不安があり、資金運用について何かやっておきたいと考える人も少なくないでしょう。

そんな人におすすめなのは、「天引きによる貯蓄」です。天引きであれば、いくら貯めようとか、考えるまでもなく自然に貯まっていきます。「iDeCo」も天引きで運用する商品であり、税制面での有利さも大きいのですが、原則として60歳まで引き出せないというのが20代の人にとっては大きなデメリットです。

思い切り遊び、自分への投資を行い、天引きで貯蓄し、それでもまだ余裕資金がある場合、リスクの高い金融商品に挑戦してみてはいかがでしょう。もし損失を被ることになっても、余裕資金であれば生活には影響が出ないはずですし、20代ならまだまだ取り返しがつきます。よく使う表現ですが、「授業料」と割り切ってもよいでしょう。

おすすめは、「株式投資」です。いい銘柄はないかと探していると、日本には一般にはあまり知られていない優良企業（キーエンス、村田製作所、東京エレクトロン、信越化学など）が数多くあることがわかります。そして、新しい産業が起きてきていることも実感できます。株式市場は常に将来を見ていますから、これからの日本経済の方向性を感じることもできます。うまく波に乗れれば、短期間で2倍3倍に資金が増えることもありますが、そこで勘違いしないことが大切です。

「FX」も面白いですが、こちらはギャンブル的な要素が非常に強くなります。いろいろな国のことを調べれば、それはそれで勉強になりますが。

あくまでも余裕資金で、リラックスして投資を楽しみましょう。

POINT
20代はまず自分に投資。天引き後、余裕があれば、ハイリスク商品に挑戦。

2 30代
――家族のこと、家のこと。腰を据えて人生設計

▽自分だけの人生ではなくなってくる

かつては、30代の暮らしと言えば、結婚を前提として語られたものでした。

１９８５年の国勢調査によれば、30～34歳の女性の未婚率は約10％で、約９割の人は結婚していました。それが２０１５年の調査では、約35％くらいの人が未婚。男性に至っては、30～34歳ではおよそ二人に一人（約47％）が未婚です。

こうした状況ですから、30代になっても、20代の頃と変わらないライフスタイルを続けている人も増えています。毎年、長めの海外旅行に出かけたり、週末のたびにツーリングに出かけたりと、自由に過ごす時間の余裕があります。また、給与もだんだん上がっていくので、金銭的な余裕も生まれているかもしれません。

結婚した人は、新しい人生が始まります。責任もその分重くなります。子供が生ま

れれば、その子の分まで人生を考えていかなければなりません。

一方、結婚していようとしていまいと、「家族」についての心配が生まれてくる時期でもあると思います。ご健在なら、ご両親はそろそろリタイヤされる頃でしょうか。老後の過ごし方や介護のあり方などを、人ごとではなく考えなければならない時期が迫っています。

好むと好まざるにかかわらず、30代になると自分だけの人生ではなくなってくるのです。

▽人生設計を始める時期

30代になると、いろいろな面で周りが見えてきます。公務員のいいところ悪いところや、生涯年収的なものも肌感覚としてわかってくると思います。

そして、「これならなんとかなるな」と思う人もいれば、「ちょっとこのままじゃ心配だ」となる人もいるでしょう。なんとかなると思える人は、その生活を維持すればいいでしょうし、心配になってきた人は、何かを始める必要があります。

職場の中心的な立場になってくる年代で、自分の老後を気にするにはまだ早い感じがしますが、そろそろ長期的な展望に立って資産運用について考えてもいいかもしれません。

そして、30代の人生設計は、自分だけではなく、家や家族の単位で考えなければなりません。結婚しているのなら、家族全体の人生を見通さなければなりません。自分だけが働いているのなら、もしものことがあった場合への備えも求められます。家を買うのか、賃貸に暮らし続けるのか、といったことも考える必要があります。もちろん、子育てにかかる費用も頭に入れなければいけません。

結婚していなくても、ご両親の介護のこと、これから先の住まいのことなどを考える必要があります。また、特に都市部に住んでいる人にとっては、相続についても現実的に準備をしなければなりません。

▽「どうしたい」に合わせた資産運用を

抱えるものが増えてきた30代は、闇雲に流行りの金融商品に手を出すのではなく、**これからの人生で「どうしたいか」ということに合わせて資産運用を考えましょう。**

例えば、子供が生まれて、将来の進学費用などをしっかり貯めておきたいと考えるのなら、「つみたてＮＩＳＡ」や「ジュニアＮＩＳＡ」などを検討してはいかがでしょうか。長期の運用が前提とされていますので、実際に必要になったときに役に立ってくれるでしょう。「学資保険」もありますが、利率はあまり高くありませんし、長期間にわたって資金が固定されてしまうというデメリットに注意が必要です。

当面は必要ないけれど、万一のために安全に増やしておきたいという場合、「共済預金」を有効に使いましょう。ペイオフ対象外であることは気になりますが、過去に破綻した事例はありませんので、リスクはかなり低いものと考えていいと思います。

1・5%程度の金利が付きますから、預金をそこに集約すれば、利息だけでかなりの金額を得ることができます。共働きで、現時点である程度貯金を増やせる余裕がある場合、共済預金に集約するのが、一番確実かもしれません。

老後に備えたいという思いが強い人は、「iDeCo」を始めましょう。公務員の場合、月額12,000円までという上限がありますので、これだけで老後も安泰とはなりませんが、早く始めれば始めただけ、積立金額は大きくなっていきます。

POINT
30代はいろいろ見えて来る年代。家族や家を考えて人生設計。

3 ▼ 40代 ――見えてきたリスクにしっかり備える

▽人生の折り返し地点

20歳頃から60歳過ぎまで働くとして、40代は仕事生活の折り返し地点となります。人生を80年と考えると、人生の折り返し地点とも言えます。経験を積み重ねてきた結果として、さまざまなことがかなり鮮明に見えてくるでしょう。

自分の役所の中での立ち位置や、どんな仕事をしているときが一番楽しいと感じられるか、これからどんな仕事をしていきたいか、といったこともなんとなく自覚されてくるでしょう。このまま行ったらどうなる、このままだったらどうなってしまう、といったことも、ふと頭をよぎるかもしれません。悔いのない人生を歩まれていることをお祈りします。

40代は、いろいろな場面で、「衰え」というものを感じるようになる年代かもしれません。疲れが抜けなくなった、無理が効かなくなった、記憶力が落ちたような気がするなど、これまでとは違う自分に向き合わなければならないことも増えるでしょう。森高千里さんの歌にあるように、お腹が出てくる人も少なくないと思います。

20代、30代の頃より、もっとリアルに自分の人生に向き合う年代と言えそうです。

▽リスクがくっきり見えて来る

40代は、がむしゃらに日々を過ごしていた若かった頃と比べて、周りからは落ち着いているように見られるかもしれませんが、内心は不安が募る年代という面もあります。

結婚していない人は、独身を通す覚悟を固める時期かもしれません。今時、独身で過ごすことは珍しいことでもなんでもありませんが、自分だけが頼りということになりますから、けがや病気への備えはしっかりしておきたいところです。

結婚している人は、お子さんもかなり成長してきているでしょうか。教育費が増えてくる時期ですし、難しい年頃の子供への接し方にも気を使っておられるかもしれません。どんな進路を選ぶのか、そこでどのくらいのお金が必要になるのか、といったことも、はっきり見えてくる時期だと思います。

両親の老後についての備えも求められてきます。すでに介護が始まっている人もいるかもしれません。いつ終わるか先が見えないのが介護の苦しいところです。できる準備があれば始めておきましょう。相続への備えも必要です。両親名義の土地や家がある場合、あらかじめ考えておかないと対応しきれなくなる可能性もあります。

自分の老後も、ぼんやり見えてきたでしょうか。生活水準を維持できるだけの備えがあるかどうか、そろそろしっかりチェックしなければなりません。

▽現実に合わせた資産運用を

お金はあくまでも使うためにあります。貯めたり運用したりするのは、使えるお金を確保するためです。この年代で、教育費や住宅費でお金が入り用になったとしたら、しっかり使えばいいいと思います。

当面は大丈夫だけれど今後が心配という人は、お金を増やす算段をしましょう。**比較的遠い将来を見越した準備なら、「投資信託」の出番**です。「ＮＩＳＡ」を上手に使って、長期的に増やしていきましょう。

近い将来にまとまったお金が必要という場合、株式投資に資金を集中したくなりますが、焦って行う運用は往々にして失敗します。**急に資金が必要になるような状況を招かないことが資産運用**なのだと肝に銘じましょう。若い頃に経済リテラシーを鍛える必要がある所以です。

両親の介護費用は、自分だけのお金で賄おうとするより、両親の資産をしっかり活用すべきだと思います。肉親であっても、お金の話をするのは気まずいところですが、大事なことですからきちんと話し合いましょう。自分のお金を使って両親の介護費用を賄い、その後の相続税が払いきれなくなったら大変です。

自分の老後の心配も始める年代でしょうか。公務員は、大幅に減らされたとは言え、退職金はしっかり出ますし、優遇措置はなくなったと言っても、年金もちゃんともらえます。ですから、過度に不安を持つ必要はないと思います。普通に貯金しておけば、退職後たちまち生活が苦しくなるということはあり得ないはずです。

ただし、家計の状況はそれぞれですから、退職後もそれなりの生活費がかかるという人もいるでしょう。**ゆとりのある暮らしをしたいという人にとっては、「iDeCo」は外せない**ところです。それだけでは十分とは言えませんので、「つみたてＮＩＳＡ」なども併用しましょう。

POINT

40代はそれまでの準備が活きてくる年代。状況に合わせた対応を。

4 50代——資産運用に遅過ぎるという言葉はない

▽あと50年ある？

2017年に出版された『LIFE SHIFT（ライフ・シフト）』（リンダ・グラットン、アンドリュー・スコット著／東洋経済新報社）という本が大いに売れました。サブタイトルは「100年時代の人生戦略」で、大胆に本の内容をまとめると、「これからの人生は100年あるんだから、そのつもりで生きなよ」ということになります。70でも80でもなく、100まで生きるのだから、そのための準備をしておく必要があるというのが、本のメッセージでした。

100歳まで生きるとすると、50歳になってもまだあと50年あります。これは、「そんな馬鹿な」ではなく、大いにあり得る話なのです。50歳になったとき、**「あと定年まで10年か。それから10年、どう過ごそうか」と考えるのと、「人生、残り50年か」**

と考えるのでは、見える風景がずいぶん違うと思います。

人の寿命は誰にもわかりませんが、少なくとも「備え」という観点では、かなり長期のスパンを見通す必要が出てきていることは確かです。

▽定年後の姿を描けるか

50代ともなれば、普段から意識しているかどうかはさておき、「定年」という言葉がちらちら頭をよぎるのではないでしょうか。

現在、公務員の定年が、60歳から65歳に引き上げられる方向で議論が進んでいます。ですから、この本を読んでいただいている方の大部分は、定年が65歳になる世代かもしれません。

しかし、5歳伸びるというとかなり大幅な延長に聞こえますが、100歳まで生きると考えると、どちらにしてもその後の時間は相当なものになります。定年後、「時間はできたけれどどすることがない」「したいことはあるけれどお金がない」などということにならないように、50代のうちにしっかり準備をしておく必要があります。

また、特に男性は、職場を離れると地域やコミュニティに溶け込めないことが多いようです。長く楽しめる趣味や共通の関心を持つ仲間などを見つけておけると、定年後も豊かな毎日が過ごせそうです。
年金以外に必要となるお金の額についても、日々の生活についても、そろそろ定年後の姿を頭に描かなければならない年代です。

▽思い立ったらいつでも資産運用

50歳を過ぎた方の中には、「今さら資産運用しても、遅過ぎるだろう」と考える人もいるかもしれません。「六十の手習い」ということわざは、勉強を始めるのに遅過ぎるということはない、と戒めていますが、資産運用にも遅過ぎるということはありません。いつでも始められるものだと思います。もちろん、50代には50代にふさわしい資産運用の方法がありますので、そこに注意する必要はあります。

当然のことながら、**長期の積み立てには不向きな年代**です。定年までの10年くらいのスパンを見通せる商品がいいでしょう。

また、あまり大きなリスクを取る年代ではありません。若いうちなら、少々火傷しても、挽回するのに十分な時間がありますが、50代ではそうはいきません。これまで貯めてきたものを、いかに定年後につなげていくかと考える段階ですから、過大なリスクは避けたほうが賢明です。

共済預金にたっぷり置いてある、という人もいると思います。そろそろそれをどう移すか考え始める時期です。どこかに振り向けなければなりませんから、**直前になって慌てることなく、あらかじめ考えておきたい**ところです。

▽守りながら育てる

公務員は、完全な年功序列の賃金体系になっていますから、50代になれば普通に暮らすには十分な給与がもらえているはずです。これを、過大なリスクにさらさずに、いかにして守りながら育てるかということが課題になります。

組合員でいられる間だけですが、貯金を「共済預金」にある程度集約するのも1つの方法です。例えば2,000万円を利率1・5％の共済預金に入れておけば、税引き後で約24万円の利息が付きます。これを10年間寝かせておくだけで、利息だけで250万円ほどになる計算ですから、最も確実な増やし方かもしれません。ただし、再三書いていますが、共済預金はペイオフ対象外であることは忘れないでください。

余裕資金で「株式投資」をするのもいいと思います。50歳を超えると、社会を見る目も培われてきていると思います（私はまだまだですが）。そのお眼鏡にかなった企業に対し、応援する気持ちで投資をするというのも1つの方法です。

定年後に向けた積み立てのつもりで株式投資を考えるなら、「NISA」「つみたてNISA」がいいでしょう。短期的な売り買いは最初から想定せず、銘柄をじっくり選んで、一度買ったら、のんびりその推移を眺めているという姿勢がいいと思います。

公務員に「iDeCo」が開放されたのが2017年。その時に50歳を過ぎていた人にとっては、長くても10年程度しか積み立てられません。しかも、1か月12,000円に限定されていますから、大きな効果は見込めません。ですが、私はそれでもiDeCoはやったほうがいいと思います。それだけ有利な制度です。定年後の暮らしを支えるまでの効果は出ないでしょうが、60歳を過ぎてからのお小遣いのつもりで始めてはいかがでしょうか。

月々の給与がなくなることを見越して、定期収入が得られる「不動産投資」に興味を持つ人もおられると思います。成功している人も少なくないとは思いますが、私はおすすめしません。仕事の責任が重い年代で、物件探しに労力を割くのはどうかと感じますし、そう遠くない定年を控えて、取るべきリスクとも思えないからです。

POINT

資産運用はいつからでも。50代には50代のやり方がある。

COLUMN 5

投資に役立つテレビ番組

私の朝は、テレビ東京の「News モーニングサテライト」で始まります。この習慣は、番組開始以来なので、もう 20 年ほど変わりません。ニューヨーク証券取引所と結んだ中継が毎日あるなど、金融・証券市場関連の専門的なニュースが多いのですが、日本経済のトレンドやリーダーが勧める本のコーナーもあり、無駄な時間のない素晴らしい番組です。

夜に放送されている「ワールドビジネスサテライト」と兄弟関係のような存在ですから、朝が弱いという人は、そちらをご覧になってもいいかもしれません。

続けてテレビ東京の番組になりますが、夜 10 時からの帯番組もお勧め。「未来世紀ジパング～沸騰現場の経済学～」「ガイアの夜明け　時代を生きろ！闘い続ける人たち」「カンブリア宮殿～村上龍の経済トークライブ～」と、週 3 本あります。「ジパング」では、世界経済の最前線を追い、「ガイア」では日本経済の先端で奮闘している人たちの姿を映しています。そして、「カンブリア」では、注目企業のトップを招き、その半生や経営哲学に迫ります。

TBS 系列の日曜朝の人気番組「がっちりマンデー!!」も見逃せません。こちらは、これまで紹介した番組と比較するとバラエティ色が強く、伝えている内容についても、薄く眉に唾を付ける必要がありますが、純粋に娯楽番組としても楽しめます。

ＮＨＫからは、「クローズアップ現代＋」を。これまで取り上げた番組と違い、毎回見ているわけではないのですが、関心のあるテーマのときはチェックするようにしています。25 分間という制約があるため、やや掘り下げ不足な回があるのが玉に瑕です。

おわりに

▽資産運用にうまい話はない（たまに大当たりはあるけれど）

２０１７年、ビットコインが高騰しました。

日経平均株価が約20％上げて、かなりの上昇率として話題になりましたが、ビットコインの上昇率は20倍。まさにケタが違います。

株式投資でも、急上昇する銘柄があります。２０１７年で言えば、例えば「いきなりステーキ」を展開するペッパーフードサービスの上昇率が7倍を超えました。

こうした話を聞くと、「10万円でも投資していたら……」などと、つい考えてしまいます。お気持ちはよくわかりますが、メディアなどで取り上げられるのはこうしたことが滅多に起こらないからでもあります。また、大当たりを追いかけると大やけどを負いかねません。

資産運用はあくまでも長期戦。じっくり腰を据えて取り組みましょう。短期間で資金を何倍にもすることを目指すのは別のお金ですることと割り切って、投資はあくまでもコツコツと。

周りで、資産を何倍にもしたといった話も聞こえてくるかもしれませんが、おめでたいこととしてお祝いしましょう。妬んでも何も生まれませんし、真似をしてもいい結果が出るとは限りません。自分には自分の資産運用があるはずです。

▽まずは、続けることを目指そう

「お前の資産運用はどうなんだ」という声が聞こえてきそうです。

私は、零細個人投資家として、ミニ株などを使って細々と投資を続けています。この間、日本経済の長期低迷があり、同時多発テロがあり、リーマンショックがあり、東日本大震災もありましたが、なんとか振るい落とされずに続けてきました。テレビや雑誌で成功体験を語る投資家とは比較にならない地味な運用成績ですが、続けてこられたことで「よし」としています。

もちろん、上がればなおよしですが、楽しんで市場に参加できているので、それで元が取れているように感じています。副産物として、世の中の見方が広がった気がしますし、仕事に活かせているようにも思っています。

まだ資産運用を始めていない人は、まずは最初の一歩を踏み出してみましょう。ちょっと面倒ですが、はじめだけのことです。

そして、一歩を踏み出したら、長く続けることを意識しましょう。短期的な利益を求めたくなる気持ちは痛いほどわかりますし、それはそれで必要なことだと思いますが、手痛い失敗で、投資の世界から振るい落とされないようにしたいところです。続けていれば、いろいろなことがわかってくるはずです。

▽経済と寄り添って

この本は、地方公務員の皆さんが資産運用に取り組むきっかけとしていただければありがたいと思って書きました。お金に追い回されるのではなく、お金を追い回すのでもなく、自然に必要なものとしてお金を受け止め、そのためにやるべきことを、楽しみながら進めていただければと思います。

そして、公務員は、経済にもっと寄り添っていかなければいけないと考えています。経済と言うと、「金儲け」「汚い」と感じる人もまだおられるようですが、人の営みはすべて経済活動です。絶対に避けて通ることはできません。きっちり向かい合っていきましょう。

経済に関心を持たないで、公務員としていい仕事ができるとは思えません。格差の問題も、貧困の増加も、教育問題も、何もかも経済活動によるものです。商業振興部門、財政部門だけではなく、すべての部門の職員が、もっともっと経済に近しくなれば、さらによい行政になっていくのではないでしょうか。

資産運用が、経済に寄り添うきっかけになり、公私ともに役立つことを祈っています。

私は、勤めている市役所で「経済どうゆう会」（ふざけた名前ですみません）という集まりを、かれこれ15年ほど続けています。その名のとおり、「経済って、どうゆうものなんだろう?」と考えるサークルのようなものです。

これまでに、200回以上開催し、「デフレとはなんだ」「TPPとは」といった堅い内容から、府中でのお馬さん鑑賞まで、広く経済について研究してきました。

この本を書くにあたっても、どうゆう会での経験が活きました。この場を借りて、メンバーの皆さんに感謝の気持ちを伝えたいと思います。

言うまでもなく、投資は自己責任です。この本の内容を参考にしていただきたいと思いますが、最後の決定はご自身です。
自己責任だからこそ、難しく、悩ましく、そして楽しいのだと思います。

2018年6月

林　誠

著者紹介

林 誠（はやし・まこと）
所沢市経営企画部次長。1965年滋賀県生まれ。早稲田大学政治経済学部経済学科卒業。日本電気株式会社に就職。その後、所沢市役所に入庁。一時埼玉県庁に出向し、現在に至る。市では、財政部門、商業振興部門、政策企画部門等に所属。役所にも経営的な発想や企業会計的な考え方も必要と中小企業診断士資格を、東京オリンピック・パラリンピックに向けて通訳案内士資格を取得。また、所沢市職員有志の勉強会「所沢市経済どうゆう会」の活動を行う。著書に『お役所の潰れない会計学』（自由国民社、2007年）、『財政課のシゴト』（ぎょうせい、2017年）、『イチからわかる！“議会答弁書”作成のコツ』（ぎょうせい、2017年）がある。

9割の公務員が知らない
お金の貯め方・増やし方

2018年7月11日　初版発行
著　者　林 誠《はやしまこと》
発行者　佐久間重嘉
発行所　学 陽 書 房
〒102-0072　東京都千代田区飯田橋1-9-3
営業部／電話　03-3261-1111　FAX　03-5211-3300
編集部／電話　03-3261-1112　FAX　03-5211-3301
http://www.gakuyo.co.jp/
振替　00170-4-84240

ブックデザイン／スタジオダンク
DTP 制作・印刷／精文堂印刷
製本／東京美術紙工

ISBN 978-4-313-15091-1 C0034